Florian Bechert

GIPFELRAUSCH
& VESPERPAUSE

40 entspannte Wanderungen
rund um Freiburg, Kandel, Elztal,
Feldberg & Belchen

Alle Fotos im Buch & Cover: ©Florian Bechert
Kartendaten: © OpenStreetMap-Mitwirkende, SRTM
Kartendarstellung: © OpenTopoMap (CC-BY-SA)
Kartenbearbeitung: post scriptum, www.post-scriptum.biz

Alle Angaben und Informationen sowie die beschriebenen Wanderungen sind nach bestem Wissen und bester Sorgfalt erstellt worden. Verlag und Autor geben keine Garantie für die Richtigkeit und übernehmen keine Haftung für etwaige Unstimmigkeiten. Die Benutzung des Wanderführers erfolgt auf eigenes Risiko. Für etwaige Unfälle oder Schäden wird keine Haftung übernommen.

Wir freuen uns über Korrekturhinweise und nehmen diese dankbar per E-Mail entgegen: info@buchverlag.rombach.de

©2022. Rombach Verlag GmbH & Co. KG
1. Auflage. Alle Rechte vorbehalten
Umschlag und Satz: Bärbel Engler
Herstellung: Rombach Druck- und Verlagshaus GmbH & Co. KG
Printed in Germany
ISBN 978-3-7930-5199-2

www.rombach-verlag.de

Florian Bechert

GIPFELRAUSCH & VESPERPAUSE

40 entspannte Wanderungen rund um Freiburg, Kandel, Elztal, Feldberg & Belchen

VORWORT

Eigentlich wollte ich keinen Wanderführer schreiben, denn meine Kinder meinten, dass unsere über viele Jahre entdeckten Touren dann zu »Massenpfaden« werden könnten. Dennoch reifte bei mir während der Coronakrise die Idee zur Umsetzung, weil mir in dieser schwierigen Zeit nochmal mehr ins Bewusstsein rückte, wie verärgert ich als siebenfacher Familienvater immer war, wenn ich wiederholt einen Wanderführer gekauft hatte, der Touren aus der Region versprach, aber nur wenige davon in der direkten Umgebung von Freiburg anbot. Vielmehr saß man lange im Auto, die Wanderstrecken waren langweilig oder überlaufen. Genau das will ich mit meinen Vorschlägen ändern, denn Wanderungen mit diesen Eigenschaften führen zu genervten Kindern und die will man nicht ...

Deswegen bieten die ausgesuchten Touren kurze Anfahrzeiten, schöne Aussichtspunkte, Abenteuer, genügend Möglichkeiten zum Chillen (schöne Schlaf-Wiesen) und im besten Fall eine gemütliche Gaststätte mit gutem Essen. Die Wanderungen werden Kindern gefallen, sind aber ebenso für Erwachsene und alle, die Spaß haben wollen, geeignet.

Wichtig war mir:

– ÖPNV-Verbindungen anzugeben, sofern sich die Wegzeit dadurch nur unwesentlich verändert;

– Gehzeiten zugunsten der Kilometerangaben wegzulassen, denn der geübte Sport-Wanderer braucht wahrscheinlich halb so lange wie eine Familie mit Kindern;

– dass die Wanderungen detailliert beschrieben sind und ein Verlaufen der Vergangenheit angehört;

– als Mitinhaber eines Skateboard- und Snowboard Ladens in Freiburg neben dem Brettsport eine spannende Alternative zu Handy, Playstation und Co. aufzuzeigen. Bei meinen Kids hat es geklappt – sie kommen bis heute nach wie vor in unterschiedlichen Konstellationen gerne mit auf Tour.

An dieser Stelle bedanke ich mich beim Rombach Verlag, der das Projekt enthusiastisch und professionell begleitet hat, meinen Kindern, die letztlich zur finalen Tourenauswahl entscheidend beigetragen haben, meiner Frau Saskia, die bei der Erstellung des Wanderführers zahlreiche Stunden auf mich verzichten musste und meinen Kolleginnen Ise-Marie und Gesine, die zahlreiche Touren testgewandert sind. Besonderer Dank gebührt meinen Test- und Korrekturleserinnen Louisa (meine Tochter) und Sabine (meine Schwiegermutter), die maßgeblich zum guten Gelingen dieses Werks beigetragen haben. Viel Spaß!

Florian Bechert
Freiburg, April 2022

INHALT

Tourenübersicht 8
Hinweise 14

RUND UM FREIBURG UND DEN SCHAUINSLAND

1	Wonnhalde – Lorettoberg – Horben	18
2	Sternwald – St. Barbara	24
3	Oberbergen – Schelinger Tierweide – Staffelberg	28
4	Gerstenhalmstüble – Schweighof – Berglustheim	34
5	Schauinsland – Schniederlihof – Engländer Denkmal	40
6	Schauinslandbahn Talstation – Gießhübel – Horben	47
7	Schauinsland – Rappenecker Hütte – Kirchzarten	54
8	Leimstollenhof – Wildtaler Eck – Streckereck	60
9	Spirzendobel – St. Barbara – Belleck	65
10	Unteribental – Lindenberg – Sommerberg	69
11	Schneeberg – Gfällmatte – Bannwald Faulbach	74
12	Eschbach – Steurental – Hinterbauernhof	79
13	Stegen – Scherereck – Bankenhof	84
14	Muggenbrunn – Köpfle – Wiedener Eck	88
15	Buchenbach – Frauensteigfelsen	96

RUND UM DEN KANDEL

16	Kollnau – Neungeschwisterkapelle – Altersbach	102
17	Obersexau – Kandelhöhenweg – Kuriseck Spick	108
18	Glottertal – Schlosshof – Schlossdobel	113
19	Glottertal – Silbergrüble – Leimeneck	118
20	Sägendobel – Im Rohr – Nazihof	122

21	Sägendobel – Ebnethof – Heizmannsberghäusle	126
22	Plattenhöfe – Zweribach-Wasserfälle – Heidenschloss	130
23	Kandel – Dürrer Stein – Goldsbachschlucht	136
24	Kandel – Kandelfelsen – Gummenhütte	141
25	Waldkirch – Ruine Schwarzenberg	146

RUND UM DAS ELZTAL

26	Kreuzmoos – Hühnersedel – Luegemol	154
27	Biederbach – Bäreneckle – Selbig	160
28	Yach – Siebenfelsen – Schwedenschanze	165
29	Bödenhäusle – Wolfsgrubenhütte – Gschasifelsen	172
30	Gütenbach – Teichschlucht – Hintereck	177

RUND UM DEN FELDBERG

31	Höfener Hütte – Hinterwaldkopf – Roteck	184
32	Stollenbacher Hütte – Ahornkopf – Toter Mann	190
33	St. Wilhelmer Tal – Feldberg – Hüttenwasen	194
34	Zastler Tal/Herderhäusle – Eislöcher – Zastler Hütte	200
35	Zastler Tal/Herderhäusle – Hinterwaldkopf Hütte – Winkel	204

RUND UM DEN BELCHEN

36	Stampf – Branden Rundweg – Stampfbachschlucht	212
37	Spielweg – Gstihlberg – Sonnhaldeberg	216
38	Belchen Seilbahn – Neuenweg – Belchenhöfe	221
39	Unterer Harzlochfelsen – Stohren – Drehbachhof	227
40	Münsterhalden – Stangenboden – Hohe Kelch	232

| Stichwortverzeichnis | 238 |

Rund um Freiburg und den Schauinsland

	km	Schwierigkeitsgrad	Hm	Einkehr	Fahrzeit Auto ab HbF FR/Min.	Fahrzeit ÖPNV ab HbF FR/Min.	GPS Startpunkt
1 Wonnhalde – Lorettoberg – Horben	6	🔴	300	–	10	15	47.973591, 7.842433
2 Sternwald – St. Barbara	8,5	🔵	220	✓	10	15	47.9823545, 7.8473684
3 Oberbergen – Schelinger Tierweide – Staffelberg	5,5	🔵	200	✓	25	–	48.098558, 7.664419
4 Gerstenhalmstüble – Schweighof – Berglustheim	6	🔵	270	✓	30	–	47.919267, 7.849588
5 Schauinsland – Schniederlihof – Engländer Denkmal	4,5	🔴	200	✓	25	30	47.936261, 7.865268
6 Schauinslandbahn Talstation – Gießhübel – Horben	8,5	🔵	750	✓	25	30	47.936261, 7.865269
7 Schauinsland – Rappenecker Hütte – Kirchzarten	10	🔴	850	✓	–	30	47.936261, 7.865270
8 Leimstollenhof – Wildtaler Eck – Streckereck	10	🔴	340	–	20	–	48.0297, 7.89932
9 Spirzendobel – St. Barbara – Belleck	5	🔴	270	–	25	–	47.971432, 8.055607
10 Unteribental – Lindenberg – Sommerberg	6,5	🔵	270	✓	30	–	47.99342, 8.01368

Rund um Freiburg und den Schauinsland

	km	Schwierigkeits-grad	Hm	Einkehr	**Fahrzeit Auto** ab HbF FR/Min.	**Fahrzeit ÖPNV** ab HbF FR/Min.	GPS Startpunkt
11 Schneeberg – Gfällmatte – Bannwald Faulbach	7,5	●	450	–	25	30	47.910591, 7.933102
12 Eschbach – Steurental – Hinterbauernhof	6,5	🔴	220	–	25	–	47.996251, 7.971088
13 Stegen – Scherereck – Bankenhof	5,5	🔴	150	✓	25	30	47.985274, 7.961221
14 Muggenbrunn – Köpfle – Wiedener Eck	15	🔴	350	✓	30	50	47.862265, 7.904779
15 Buchenbach – Frauensteigfelsen	6,5	🔴	300	–	20	–	47.95804, 8.01205

Rund um den Kandel

	km	Schwierigkeitsgrad	Hm	Einkehr	Fahrzeit Auto ab HbF FR/Min.	Fahrzeit ÖPNV ab HbF FR/Min.	GPS Startpunkt
16 Kollnau – Neungeschwisterkapelle – Altersbach	6,5	●	200	✓	20	25	48.101384, 7.974063
17 Obersexau – Kandelhöhenweg – Kuriseck Spick	5	●	140	✓	30	–	48.127434, 7.94295
18 Glottertal – Schlosshof – Schlossdobel	5	●	160	✓	20	40	48.051891, 7.940659
19 Glottertal – Silbergrüble – Leimeneck	5	●	180	✓	20	40	48.047846, 7.939217
20 Sägendobel – Im Rohr – Nazihof	5	●	190	✓	35	–	48.036476, 8.031646
21 Sägendobel – Ebnethof – Heizmannsberghäusle	6	●	180	✓	35	–	48.036476, 8.031646
22 Plattenhöfe – Zweribach-Wasserfälle – Heidenschloss	5,5	●	150	✓	40	–	48.046877, 8.0775
23 Kandel – Dürrer Stein – Goldsbachschlucht	12	●	420	–	40	–	48.04886, 8.020153
24 Kandel – Kandelfelsen – Gummenhütte	6,5	●	260	✓	40	–	48.04886, 8.020153
25 Waldkirch – Ruine Schwarzenberg	9	●	385	–	20	15	48.087233, 7.951546

Rund um das Elztal

	km	Schwierigkeits-grad	Hm	Einkehr	**Fahrzeit Auto** ab HbF FR/Min.	**Fahrzeit ÖPNV** ab HbF FR/Min.	GPS Startpunkt
26 Kreuzmoos – Hühnersedel – Luegemol	8,5	🔵	150	✓	40	–	48.189633, 7.976805
27 Biederbach – Bäreneckle – Selbig	8	🔵	160	✓	30	–	48.2, 8.03333
28 Yach – Siebenfelsen – Schwedenschanze	12	🔴	550	✓	40	–	48.153712, 8.121326
29 Bödenhäusle – Wolfsgrubenhütte – Gschasifelsen	6,5	🔴	320	✓	40	–	48.179067, 8.115787
30 Gütenbach – Teichschlucht – Hintereck	7	🔴	180	✓	50	–	48.043105, 8.134307

TOURENÜBERSICHT

Rund um den Feldberg

	km	Schwierigkeitsgrad	Hm	Einkehr	Fahrzeit **Auto** ab HbF FR/Min.	Fahrzeit **ÖPNV** ab HbF FR/Min.	GPS Startpunkt
31 Höfener Hütte – Hinterwaldkopf – Roteck	5	🔴	200	✓	35	–	47.926532, 8.002337
32 Stollenbacher Hütte – Ahornkopf – Toter Mann	5,5	🔵	210	✓	30	–	47.90302, 7.980643
33 St. Wilhelmer Tal – Feldberg – Hüttenwasen	8	🔴	700	✓	30	–	47.88822, 7.970661
34 Zastler Tal/Herderhäusle – Eislöcher – Zastler Hütte	6,5	🔴	520	✓	30	–	47.898783, 8.012156
35 Zastler Tal/Herderhäusle – Hinterwaldkopf Hütte – Winkel	15	⚫	420	✓	30	–	47.898783, 8.012156

Rund um den Belchen

	km	Schwierigkeits-grad	Hm	Einkehr	**Fahrzeit Auto** ab HbF FR/Min.	**Fahrzeit ÖPNV** ab HbF FR/Min.	GPS Startpunkt
36 Stampf - Branden Rundweg - Stampfbachschlucht	7	🔴	250	–	40	–	47.865864, 7.847873
37 Spielweg - Gstihlberg - Sonnhaldeberg	6,5	🔴	350	✓	35	–	47877895, 7.835427
38 Belchen Seilbahn - Neuenweg - Belchenhöfe	16	🔴	640	✓	55	–	47.821056, 7.843278
39 Unterer Harzlochfelsen - Stohren - Drehbachhof	10	🔴	230	✓	30	–	47.891992, 7.869058
40 Münsterhalden - Stangenboden - Hohe Kelch	15	⚫	735	✓	40	–	4781868, 7.810252

TOURENÜBERSICHT

HINWEISE

SYMBOLE

 Weglänge in Kilometern (Circaangabe)

 Schwierigkeitsgrade
- 🔵 Leicht: ohne große Höhenunterschiede oder Anstiege
- 🔴 Mittel: moderate Auf- und Abstiege, Ausdauer und Trittsicherheit notwendig
- ⚫ Schwer: Touren sind nur für Geübte mit Trittsicherheit, Ausdauer und Orientierungssinn geeignet, da zum Teil schwer erkennbare Streckenführung.

 Höhenunterschied in Meter (Circaangabe)

 Einkehrmöglichkeit

 Anfahrt in Minuten zum Ausgangspunkt mit dem Auto ab dem Freiburger Hauptbahnhof

 Anfahrt in Minuten mit dem öffentlichen Nahverkehr ÖPNV ab dem Freiburger Hauptbahnhof

BANNWALD

Als Bannwald wird ein Wald bezeichnet, der unter Schutz gestellt ist und in dem jegliche menschliche Eingriffe verboten sind, also der Wald sich selbst überlassen bleibt. Entsprechend kann es bei Bannwaldpfaden aufgrund umgestürzter Bäume zu veränderten Wegführungen kommen.

GEHZEIT

Auf Zeitangaben wurde bewusst verzichtet, da es große Unterschiede im Lauftempo zwischen sportiven, geübten Wanderern und Freizeit-Wanderern gibt, die eventuell mit Kindern unterwegs sind.

AUSRÜSTUNG

Das sollte man bei jeder Tour anhaben oder mitnehmen: feste Wander- oder Trekkingschuhe, Regenkleidung, Sonnenschutz, Vesper, Getränke, Decke zum Picknicken.

WANDERKARTEN

Die Wege sind in der Regel durch den Schwarzwaldverein gut ausgeschildert. Soweit das nicht der Fall ist, wurde auf eine detaillierte Wegbeschreibung geachtet. Viele der aufgeführten Touren liegen nicht auf den Hauptwanderrouten.
Daher kann es im ungünstigsten Fall zu Veränderungen an der Wegführung kommen, die hier nicht aufgeführt sind. Sollten Anmerkungen zu einzelnen Touren bestehen, würden wir uns über eine Mitteilung freuen an info@buchverlag.rombach.de.

Die Tourenkarte bei jeder Wanderung hilft zur Orientierung.
Detaillierte Wanderkarten gibt es vom Landesamt für Geoinformation für Landesentwicklung Baden-Württemberg. Empfehlenswert ist ein Maßstab von 1 : 50.000 m.

RUND UM FREIBURG UND DEN SCHAUINSLAND

WONNHALDE – LORETTOBERG – HORBEN

 6 km

 mittel

 300 Hm

 —

 10 Min.

 15 Min.

Wanderung mit Alpin-Flair ...

- Abenteuerliche Wanderung auf teils verwachsenen Pfaden.
- Schöne Ausblicke über Freiburg, den Schönberg und das Hexental.

Ausgangspunkt: Straßenbahnhaltestelle Wonnhalde/Freiburg

Anfahrt ab Freiburg mit ÖPNV
Ab Hbf. mit der Straßenbahnlinie 2 Richtung Günterstal, Ausstieg Wonnhalde.

Rückfahrt ab Horben
An der Haltestelle Engel in Horben mit der Buslinie 21 Richtung Günterstal, Ausstieg Dorfstraße, mit der Straßenbahnlinie 2 Richtung Stadtmitte, bis zur Wonnhalde fährt die Bahn vier Minuten.

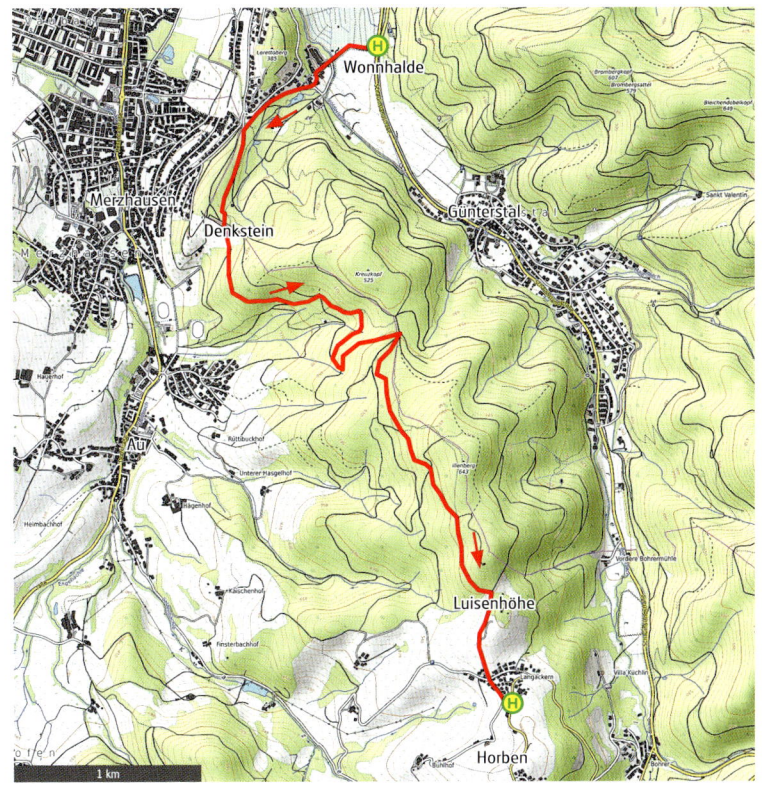

Blick vom Lorettoberg über das östliche Freiburg bis in die Vogesen

Wir gehen die Wonnhaldestraße an der großen Wiese entlang und genießen einen schönen Blick auf den Schauinsland, Freiburgs Hausberg. Dann teilt sich die Straße nach links Richtung Waldhaus und nach rechts an der Forstlichen Versuchs- und Forschungsanstalt Baden-Württemberg vorbei. Der Weg nach rechts ist unserer. An seinem Ende biegen wir leicht links in die kleine Straße ab, die nach ca. 30 Meter in einer Kurve den Berg Richtung **»Haus Wonnhalde/Caritas«** hochführt. Gegenüber dem Haus Wonnhalde biegen wir zunächst links ab und gleich darauf wieder rechts in die kleine Teerstraße, die dann am Wald entlangführt. Die Straße geht in einen schmalen Waldweg über, auf dem wir bis auf den **Lorettoberg** laufen.

Oben angekommen, bietet sich ein hervorragender Ausblick auf Freiburg, den Schönberg und den Kaiserstuhl. Wir gehen links weiter zum Wald- und Wanderparkplatz und nehmen dort die rechte, nach oben führende Waldstraße mit der blauen

Raute und der Markierung **»Hetzer Kreuz 240 m«**. Sobald der Weg aus dem Wald führt, kommen wir am **Denkstein** an, einem der schönsten Aussichtspunkte rund um Freiburg. Wir haben einen Rundumblick von den Merzhausener Weinbergen zur Eduardshöhe über Wittnau und den Schönberg bis nach Freiburg. Der Denkstein ist nicht so bekannt wie der Schlossberg, aber mindestens genauso schön. An manchen Tagen kann man hier selbst bei gutem Wetter noch ein ruhiges Plätzchen finden oder auch auf der Schaukel (wenn sie nicht gerade von Scherzkeksen wieder abgebaut wurde) seine Beine baumeln lassen.

Die Bank zum Blick

Weiter geht es den Weg links am Waldrand entlang bis zum nächsten Wegweiser Richtung »Mühlebuck 0,1 km/Sportplatz Merzhausen 0,8 km/Merzhausen 1,4 km/Aue 1,8 km«. Hier halten

Sicht vom Denkstein zur Eduardshöhe

Vom Denkstein über den Schönberg nach Freiburg

wir uns rechts Richtung **»Au/Wittnau«** und laufen an einer großen Wiese vorbei. Der Weg gabelt sich an einem Marterl in einen steil nach unten führenden Weg und einen verwachsenen Waldpfad, der leicht geradeaus ansteigt. Das ist unser Weg. Nach einem letzten Blick zurück auf den Schönberg tauchen wir ins alpine Abenteuer Freiburgs ein. Wir steigen auf einem schmalen, steilen Pfad (Trittsicherheit!) rechts Richtung Merzhausen bergab, bis wir auf eine von rechts unten kommende Waldstraße aus Merzhausen treffen. Am Übergang zur querenden Waldstraße ist leichtes Klettern erforderlich, danach wenden wir uns nach links. Nach ca. 50 Metern auf dieser bergauf führenden Straße treffen wir in einer Kurve auf einen großen Holzwegweiser mit der Aufschrift **»Kunackerweg«**. Jetzt müssen wir achtsam sein, denn der Kunackerweg ist Teil des Hexentrails für Mountainbiker. Wir halten uns an den Wegweiser und gehen den breiten Weg, bis dieser nach ca. 500 Metern gerade in einen schmalen Pfad übergeht. Hier hält uns ein »Stopp-Lebensgefahr-Mountainbike-Trail-Schild« vom Weitergehen ab. Das verlängert zwar die Tour um ca. 10 Minuten, ist aber nicht weiter tragisch. Wir halten uns an den breiten Weg, der eine Rechtskurve macht und schließlich auf eine ebenfalls breite Waldstraße mündet. Hier biegen wir links ab und folgen der Straße nach oben in einer weitgezogenen Linkskurve, die schöne Blicke nach Merzhausen und zum Schönberg bietet.

Alpines Gelände auf dem Freiburg Pfad

Vorsicht: kein Durchgang, Mountainbike-Trail

Sobald wir wieder auf die querende Waldstraße vom Lorettoberg kommen, folgen wir dem Wegweiser Richtung »Luisenhöhe 1,6 km/Eduardshöhe 7 km« und halten uns bis zum Ziel an die blaue Raute.

Den schmalen Wanderpfad geht es bergan, bis er in einen breiten Forstweg mündet. Diesem folgen wir immer geradeaus bis zur **Luisenhöhe**. Kurz nach Erreichen der Höhe sollte man sich noch eine Pause auf der letzten ruhigen Aussichtsbank gönnen und über Wittnau und den Schönberg schauen.

Dann heißt es: Augen zu und durch. Die vormals unverbaute Luisenhöhe musste einem großen Hotelprojekt und Baugebiet weichen. Soweit freier Blick besteht, sollte man diesen auf dem Weg Richtung »Horben Rathaus 1,0 km« genießen. Nun geht es die Luisenhöhe Straße entlang, beim alten Bauernhof links Richtung Horben und dann geradeaus zur **Bushaltestelle Engel**. Der Bus aus Horben bringt uns wieder nach Günterstal. Von dort nehmen wir die Straßenbahnlinie 2 bis zur Wonnhalde, womit wir wieder am Ausgangspunkt angekommen sind.

Zwischendurch immer wieder fast freie Sicht nach Merzhausen/Wittnau

Beste Panoramawerte von der Luisenhöhe

Der neue Hotelkomplex vor dem Schauinsland und der Eduardshöhe

Weg von der Luisenhöhe nach Horben

2

STERNWALD – ST. BARBARA

 8,5 km

 einfach

 220 Hm

 10 Min.

 15 Min.

Das Etappenziel lockt mit Schwarzwälder Tapas und Kirschtorte …

 Gemütliche Wanderung auf breiten Wegen mit schöner Sicht über Freiburg bis Kirchzarten.

 Der Waldgasthof St. Barbara bietet eine traumhafte Sicht übers Dreisamtal und eine feine regionale Küche mit hausgemachten Produkten.

Ausgangspunkt: Max-Planck-Institut/Sternwaldeck

Anfahrt in Freiburg mit ÖPNV

Ab Hbf. mit der Straßenbahnlinie 2 Richtung Günterstal, Ausstieg Haltestelle Holbeinstraße. 50 Meter zurück Richtung Stadt laufen und rechts nach dem Max-Planck-Institut in die Türkenlouisstraße abbiegen. Links vor dem Max-Planck-Institut die Waldseestraße Richtung Berg hochlaufen.

Mit dem Auto:

Parken am Anfang der Türkenlouisstraße zwischen Forstamt und Max-Planck-Institut.

Einkehr

Gasthaus Bauerntafel St. Barbara
Sonnenbergstraße 40, 79117 Freiburg
Tel. 0761 696 70 20
www.bauerntafel-freiburg.de

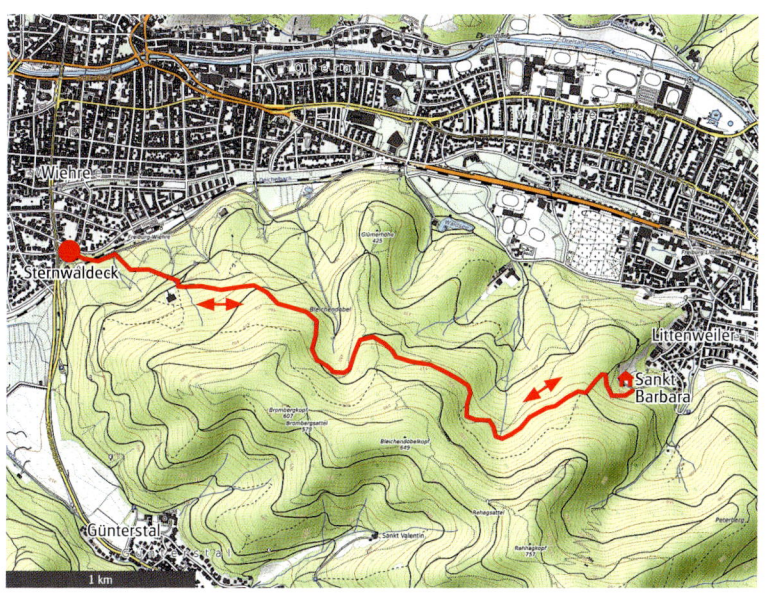

Schattige Bank mit Schlossbergblick

Beste Sicht von der verwunschenen St. Barbara Terrasse auf Kirchzarten

Wir gehen links am Max-Planck-Institut vorbei und folgen der geteerten Sternwaldstraße über die Bahn. Nach ca. 50 Metern biegen wir rechts in den schmalen, geteerten »Alten Franzosenweg« ab und folgen diesem steil den Berg hoch, bis er die Waldfahrstraße St. Valentin (Wegweiser) kreuzt. Hier nehmen wir den kleinen Weg halb links und halten uns danach rechts, bis wir zu einer breiten Waldstraße direkt am Berg kommen, dem **»Franzosenweg«**. Diesen gehen wir links nach oben. Ab da bieten sich die nächsten 500 Meter immer wieder schöne Ausblicke über Freiburg und den Kaiserstuhl, bis wir an eine Wegkreuzung mit einer einladenden Bank kommen. Von dort haben wir eine gute Sicht auf das Uni-Sportgelände und das United World College.

Nach der verdienten Pause folgen wir dem breiten Weg geradeaus weiter, bis wir uns an der nächsten Weggabelung erneut links an den Franzosenweg halten. Ab hier beginnt der gemütliche Teil der Wanderung: Es ist fast nur noch eben. Bei der

*Haupthaus
St. Barbara mit
Gaststätte*

*Auch für die Kleinen
ist gesorgt: Spielplatz
bei St. Barbara.*

nächsten Linkskurve am **Wiedenbach Brünnle** können wir mit dem wohlschmeckenden Quellwasser die Trinkflasche auffüllen. Dann folgt eine Rechtskurve (gerade nach unten Schützenhaus Weg), bei der wir einen MTB Trail kreuzen. Auf dieser Höhe bleiben wir, passieren einige Quellen und laufen den breiten, ebenen Weg bis an einer großen, ausgebauten Rechtskurve eine Waldstraße von oben mündet. Am Ende der ausladenden Kurve, die meist als Holzablageplatz fungiert, biegen wir scharf links auf einen schmalen Pfad ab, der steil nach unten führt und nach ca. 100 Metern auf einen Waldweg trifft, dem wir nach rechts bis **St. Barbara** folgen. Hier wartet nicht nur eine schöne Aussicht Richtung Kirchzarten und Stegen mit umliegenden Bergen auf uns, sondern auch eine gute Küche und selbstgemachter Kuchen. In dem Wissen, ein Kleinod direkt in unserer Nähe entdeckt zu haben, treten wir wieder den Rückweg auf demselben Weg an, den wir gekommen waren.

*Hier gibt es eine
»Schwarzwälder«, die
ihresgleichen sucht.*

*Auf dem Höhenweg:
Vogesenblick*

3

OBERBERGEN – SCHELINGER TIERWEIDE – STAFFELBERG

 5,5 km

 einfach

 200 Hm

  ✓

 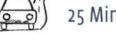 25 Min.

 —

Kaiserstuhltour durch Weinberge, Hohlgassen und über grüne Matten …

 Historische Erkundung der lokalen Weidewirtschaft des 18. Jahrhunderts.

 Rustikale Straußenwirtschaft und Bio-Bauernhof versprechen Gaumenfreuden.

Ausgangspunkt: Ruländerweg/Oberbergen

Anfahrt ab Freiburg

B31 Richtung Umkirch/Vogtsburg, dann L115 Richtung Oberbergen/Vogtsburg. Parken in Oberbergen am Ruländerweg in der Nähe der Strauße des Weinguts Vogel.

Einkehr

Vogelstrauße Oberbergen
Ruländerweg 7A, 79235 Vogtsburg im Kaiserstuhl
Tel. 07662 80271
www.weingut-vogel.com
Urige Strauße mit regionaler Küche und eigenem Wein.

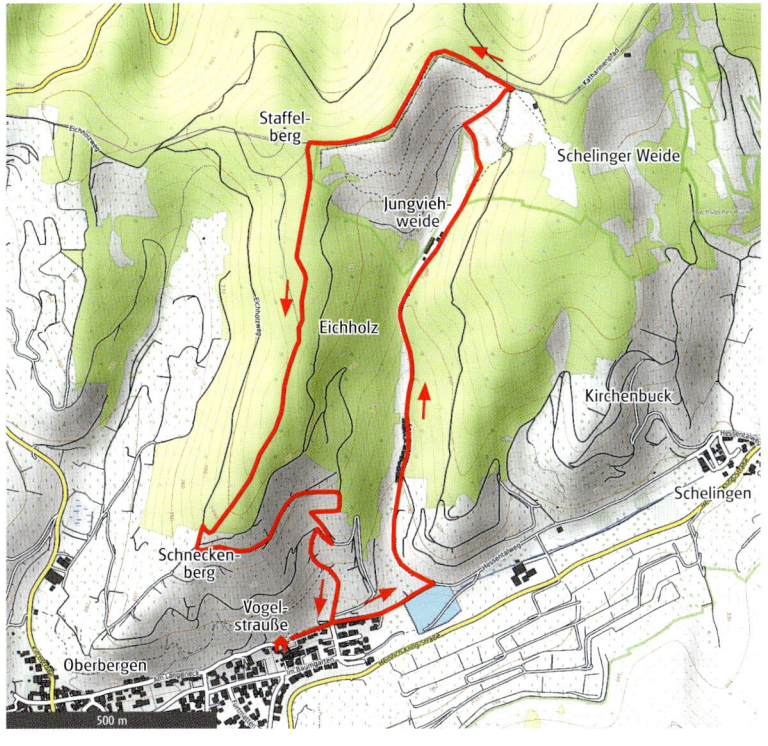

Ruländerweg: Ausgangs- und Endpunkt der Wanderung

Bio-Bauernhof mit Verkaufstheke für lauter gute Sachen

Wir starten am Ruländerweg. Bereits hier eröffnet sich der Blick über die Hohlwege hinauf in die Weinberge. Wenn wir am Ende der Wanderung hungrig sind, empfiehlt sich ein Stopp in der Straußenwirtschaft des Weinguts Vogel (ebenfalls im Ruländerweg). Wir orientieren uns an den Wegweisern an der Kreuzung am Ruländerweg Richtung »Hessental 0,3 km/Schelinger Tierweide 1,6 km« und laufen zunächst ca. 300 Meter die Straße geradeaus, bis links der Abzweig ins Hessental und die **Schelinger Tierweide** kommt (ca. 1,4 km).

Wir folgen dem Wegweiser und der Ausschilderung »Katharinenpfad« eine schmale geteerte Straße den Berg hoch. Hier entdeckt man das reinste Eidechsenparadies rechts am Rand zu den steil aufsteigenden Weinbergterrassen. Etwas weiter auf der linken Seite ist ein kleiner schattiger Fußballplatz. Wer einen Ball eingepackt hat, kann dort kicken. Dann zieht sich die Straße weiter steil den Berg hoch, bis sie an einem **Bio-Bauernhof**, dem Betreiber der Schelinger Tierweide, in einen wunderschönen Waldweg übergeht. Am Hof selbst besteht die Möglichkeit, sich mit Köstlichkeiten von feinsten verschiedenen Bio-Honigsorten über Schafslyoner bis hin zu Nandu- und großen Straußeneiern, einzudecken. Diese Chance sollte man ergreifen. So einen guten Honig gibt es selten. Nachdem wir ausgiebig den

Blick auf den Staffelberg über die Schelinger Tierweide

traumhaften Bauerngarten mit diversen Imkerkästen bewundert haben und eventuell den hofeigenen Riesenpfauen begegnet sind, ergibt sich ein erster Blick auf die Schelinger Tierweide. Dort grasen neben Pferden und Schafen riesige, den Yaks ähnliche Rinder und Nandus. Die Tiere zu beobachten, lohnt sich.

Wir gehen weiter den Waldweg am Rande der Weide entlang, bis wir zu einem Gattertor gelangen, das den Hohlweg von der Weide trennt. Wir passieren das Tor und ca. 20 Meter weiter, bevor der Weg eine Rechtsbiegung macht, kommen wir zu einem schönen Platz mit Ausblick zum Verweilen.

Schon im 18. Jahrhundert graste auf der Schelinger Tierweide Vieh. Da jedoch um 1850 die Bevölkerung stark wuchs, wurden Weiden in landwirtschaftlich nutzbare Flächen umgewandelt und die Tiere fortan in Ställen gehalten. Die trockenen Böden machten das Ackerland wenig profitabel, weshalb es schon bald als Trockenrasen eine neue Funktion bekam. Ende des 19. Jahrhunderts zeigte sich mehr und mehr, dass die Stallhaltung dem Jungvieh erheblich schadete, ihm fehlte der Auslauf. Deshalb schlossen sich 1904 das Großherzogtum Baden, die Viehzuchtgenossenschaft Breisach und die Gemeinde Schelingen zusammen und führten eine Kreisjungviehweide ein. Die Sche-

Hier müssen wir durch – großes Gatter zur Überwindung der Weidentrennung.

Lockere Tiergemeinschaft als Weidekonzept

Feldbergblick vom Staffelberg

Kiechlingsberger Eck mit Blick auf den Oberrhein

Perfekte Rundumsicht mit Sitzgelegenheit am Kiechlingsberger Eck

linger Tierweide ist heute unter anderem eine Streuobstwiese und zeigt damit, wie unglaublich vielseitig eine Landwirtschaft sein kann, die ständig neuen Bedingungen ausgesetzt ist. Sie ist zudem der größte ganzjährige Beweidungsbetrieb im Kaiserstuhl: Etwa 50 Rinder, Pferde, Schafe und Ziegen weiden auf einer Fläche von ca. 25 Hektar. Ein solche weitläufige Weidewirtschaft gibt es in Mitteleuropa nur noch sehr selten.

Wir folgen dem Weg weiter die Weide hinauf, bis wir an ein Gatter kommen. Hier queren wir die Tierweide und folgen dem Wegweiser Richtung »Kiechlingsberger Eck 1,6 km« den Katharinenpfad entlang bis zum **Staffelberg Häuschen**. Hier pausieren wir, geben uns kurz davor dem Ausblick hin und gehen dann den schmalen Weg weiter bis zum Ende der Weide. Kurz nach dem Grat teilt sich der Weg in drei Spuren: zwei breitere Wege (geradeaus und rechts) und ein kaum mehr sichtbarer schmaler Pfad nach links, den wir nehmen. Da dieser Weg zwar wunderschön ist, aber kaum begangen wird, muss man auf den Wegverlauf achten. Wichtig ist, dass wir auf keinen Fall einen Weg nach unten nehmen, sondern oben am Berg bleiben. Links fällt der Hang steil ab. Es ergeben sich immer wieder traumhafte Ausblicke über den Kaiserstuhl bis hin zu Kandel und Feldberg. Nach ca. einem Kilometer auf dem Grat, fällt der Weg leicht ab und wir treffen auf einen schmalen Hohlweg am Weinberg. Wir genießen den Weitblick zu den Vogesen und ins Markgräfler-

Weg zurück durch die Weinberge

land. Dem Weg weiter folgend, rechts am Weinberg vorbei, treffen wir auf den von rechts einmündenden **»Eichholzweg«**, dem wir links zu einer der schönsten Aussichtsbänke im Kaiserstuhl folgen. Hier sehen wir nicht nur die terrassenartig angelegten Weinberge, sondern haben einen hervorragenden Rundumblick auch auf die Vogesen und den Oberrhein. Ab jetzt folgen wir dem roten Pfeil des DVV-Wanderweges (DVV steht für Deutscher Volkssportverband e.V.) und dem Wegweiser Richtung »Oberbergen Schule 1,4 km«.

Der Weg geht leicht geneigt an artenreichen Böschungen zwischen den Weinfeldern hindurch, bis wir zu einer 180 Grad Kurve kommen, an der sich ein steiler Abgrund zum Hessental auftut. Die Straße führt uns in Serpentinen weiter abwärts, bis 10 Meter nach einer Linkskurve ein schmaler Weg im spitzen Winkel abgeht. Der rote DVV-Pfeil hilft bei der Orientierung. Ihm folgen wir hinunter, bis wir direkt wieder am Ruländerweg herauskommen.

Bald am Ziel – Oberbergen in Sichtweite

Auf Hohlwegen nach unten

4

GERSTENHALM STÜBLE –
SCHWEIGHOF – BERGLUSTHEIM

 6 km

 einfach

 270 Hm

  ✓

 30 Min.

 –

Entspannender Rundweg für jede Jahreszeit ...

 Die Wege sind für den Kinderwagen geeignet.

 Es bieten sich traumhafte Ausblicke über St. Ulrich, den Oberrheingraben bis zu den Schweizer Alpen und zum Belchen.

Ausgangspunkt: Wanderparkplatz am Hörnlesattel oder 200 Meter weiter unten beim Gerstenhalmstüble

Anfahrt ab Freiburg

Durch Günterstal auf der Schauinslandstraße, rechts abbiegen in die Bohrerstraße, vorbei an der Talstation Schauinslandbahn weiter nach Horben immer der Straße entlang bis zum Gasthaus Buckhof. Hier rechts abbiegen Richtung Eckhof, am Eckhof vorbei und entweder am Grat/Hörnlesattel am Wanderparkplatz oder 200 Meter weiter vor dem Gerstenhalmstüble parken.

Einkehr

Gerstenhalmstüble
St. Ulrich 28, 79283 Bollschweil
Tel. 07602 286
www.gerstenhalmstueble.de
Eine der schönsten Aussichtsterrassen rund um Freiburg.

Schweighof
St. Ulrich 44, 79283 Bollschweil
Tel. 07602 249
www.gaststaette-schweighof.jimdosite.com
Gemütlicher Gasthof mit schöner Außenfläche.

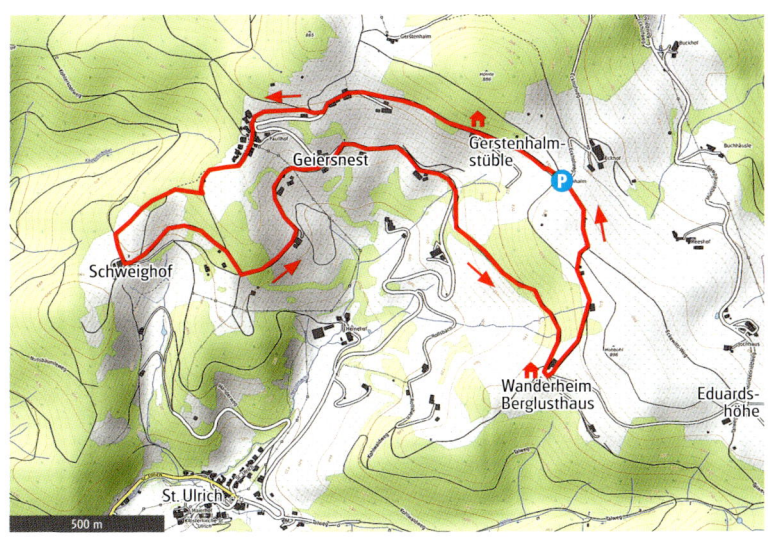

Die Bank auf der Eduardshöhe, auf der man die schönsten Sonnenuntergänge erleben kann, tagsüber überzeugt sie mit phänomenaler Sicht über Staufen und den Oberrhein.

Bank kurz nach dem Gerstenhalmstüble mit Belchenblick

Egal, wo man geparkt hat, die Sicht bis hin zum Belchen und Blauen ist phänomenal, und sie begleitet uns die meiste Zeit auf der Wanderung. Wir halten uns zunächst auf der schmalen Teerstraße, durchqueren den **Weiler Geiersnest** bis die Straße hinter dem Ort eine unübersichtliche Linkskurve macht. Hier verlassen wir die Straße und gehen den Feldweg geradeaus weiter (zur Linken gibt es eine sehr schöne Aussichtsbank) und halten uns nach dem Haus zur Linken an den Wegweiser »Schweighof 0,8 km/St. Ulrich 2,2 km«. Bei den ersten Häusern von St. Ulrich angekommen, queren wir die Straße (bleiben aber rechts von der Kurve), gehen am **Paulihof** rechts vorbei und folgen dem Wegweiser Richtung »Schweighof«. Wir kommen an eine große Ziegenweide, an der wir in einer großen Linkskurve entlanggehen. Während die einen Ziegen schon mal zutraulich fast an den Zaun kommen, will der Bock in Feldherrengehabe imponieren, was die eine oder andere witzige Situation hervorrufen kann. Zu nahe sollte man den Ziegen nicht kommen.
Wir umrunden weiter die Ziegenweide und nehmen nicht den rechts steil nach unten abzweigenden Waldweg, sondern fol-

gen dem Weg noch ca. 50 Meter an der Weide entlang. Dann macht er einen Knick nach rechts durch den Wald, bis sich nach 100 Metern ein wunderschöner Blick wieder auf den Belchen und den Schweighof eröffnet. Vor unserem ersten Etappenziel nutzen wir die Gelegenheit, auf der Aussichtsbank am Ende der Linkskurve am Waldrand zu verweilen. Wenn wir uns sattgesehen haben, sind es nur noch ein paar Meter bis zum Schweighof. Hier wird regionale, badische Küche vom Feinsten zu sehr soliden Preisen angeboten, etwa Rumpsteak vom hauseigenen Rind oder eine reichhaltige Vesperplatte. Wenn man dann noch einen der begehrten Außenplätze im schattigen Biergarten ergattern kann, hat man alles, was das Herz begehrt. Auch wenn es noch so schön war, wir sind noch nicht am Ende angelangt. Am Wegweiser geht es rechts in die Straße Richtung Bollschweil. Wenige Meter weiter ist links ein Hinweis auf das »Wanderheim Berglusthaus«. Wir sind richtig und haben das nächste Ziel fest im Auge. Wir laufen auf der leicht ansteigenden Straße an superschönen, Jahrhunderte alten Höfen in top Zustand vorbei, bis wir an die Hauptstraße Richtung Bollschweil/St. Ulrich kommen. Dieser folgen wir nach rechts ca. 100 Meter, bis auf der linken Seite – an den Höfen von Zimmerei Heim und Ulrichhof vorbei – nach einer Rechtskurve ein kleiner **Wanderparkplatz** mit dem Hinweisschild »Berglusthaus« kommt. Auf dem Weg haben wir an mehreren Quellen die Möglichkeit, unsere Wasserflaschen aufzufüllen. Oder wir nutzen

Der Paulihof ist leider geschlossen.

Erster Blick auf den Schweighof

Legendäres, zartes Rumpsteak im Schweighof

Der Schweighof – eines der wenigen Lokale am Schauinsland, in denen gilt: top Preis-Leistungs-Verhältnis.

Alte Höfe – inzwischen meist renoviert und von »Städtern« bewohnt.

Wanderheim Berglustheim – immer einen Besuch wert: Aussicht, günstige Getränke und gute Sitzgelegenheiten.

Blauenblick vom Wanderheim Berglustheim

die Gelegenheit, den Getränkeservice des Wanderheims (nur Getränke!) in Anspruch zu nehmen und uns dann auf einer der zahlreichen Liegebänke der wunderschönen Aussicht auf Belchen, Blauen & Co. hinzugeben. Jetzt ist verständlich, dass der Name des Wanderheims Programm ist.

Nach diesem kurzen Zwischenstopp geht es die Teerstraße scharf links Richtung »Parkplatz Gerstenhalm 0,8 km/St. Ulrich Rundweg« weiter. Leicht ansteigend geht es den Berg hoch bis wir an eine Weggabelung rechts Richtung »Gießhübel/Schauinsland«, links Richtung »Parkplatz Gerstenhalm 0,8km/St. Ulrich Rundweg« kommen. Weiter leicht bergauf gelangen wir an eine Weggabelung rechts Richtung »Gießhübel/Schauinsland«, links Richtung »Parkplatz Gerstenhalm/Horben«. Hier sind wir an der bekannten **Eduardshöhe** angekommen, einem der beliebtesten Aussichtspunkte rund um Freiburg. Wer hier Einsamkeit sucht – liegt falsch. Wer eine traumhafte Aussicht über Freiburg, Schauinsland und den Kandel sucht – ist richtig. Dem Wegweiser Richtung »Gerstenhalmstüble« folgend, kommen wir am **Hörnlesattel** vorbei, eben dort, wo es rechts zum Eckhof und links zum Gerstenhalmstüble geht. Das ist auch DER Meeting-Point für Freiburger, die abends Naturromantik suchen. Von hier aus lassen sich schöne Sonnenuntergänge zwischen Oberrhein und Belchen beobachten. Von den über-

Von der Eduardshöhe nach Freiburg und zum Kandel

Der Eckhof steht für bestes Bio-Eis und einen gut ausgestatteten Hofladen.

Eingang zum Gerstenhalmstüble ...

wältigenden Ausblicken erschöpft, kehren wir noch ins **Gerstenhalmstüble** ein, das mit günstigen Preisen und hervorragendem hausgemachten Kuchen überzeugt (besonderer Tipp: Mandarinen-Schmand-Kuchen). Freundlicher Service ist hier Standard. Gesättigt und vom Tag fasziniert, begeben wir uns auf den Heimweg und freuen uns, dass das Schöne doch so nah (an Freiburg) liegt.

... der Berggasthof mit der vermutlich besten Aussicht im Schwarzwald

5

SCHAUINSLAND – SCHNIEDERLIHOF – ENGLÄNDER DENKMAL

 4,5 km

 mittel

 200 Hm

 25 Min.

 30 Min.

Geschichtstour mit Feldberg und Räucherwurst vor der Nase ...

 Das Heimatmuseum Schniederlihof zeigt, wie die Schwarzwaldbauern vor Jahrhunderten lebten.

 Ein Denkmal erinnert an den tragischen Tod englischer Schüler.

 Wichtig: Es ist ratsam, früh aufzustehen, denn bei schönem Wetter wird nach 11 Uhr die Schlange an der Schauinslandbahn immer länger.

Ausgangspunkt: Schauinslandbahn-Talstation/Horben

Anfahrt ab Freiburg
Ab Hbf. Straßenbahnlinie 2 Richtung Günterstal, Station Dorfstraße in die Buslinie 21 Richtung Horben umsteigen, Ausstieg Schauinslandbahn-Talstation.

Einkehr
Schniederlihof
Gegendrumweg 3, 79254 Oberried
Tel. 0170 346 26 72
Wunderschönes Schwarzwaldmuseum mit den besten Räucherwürsten nach alter Art. Heidelbeerwein und gute Kuchen runden die Vesperkarte ab.

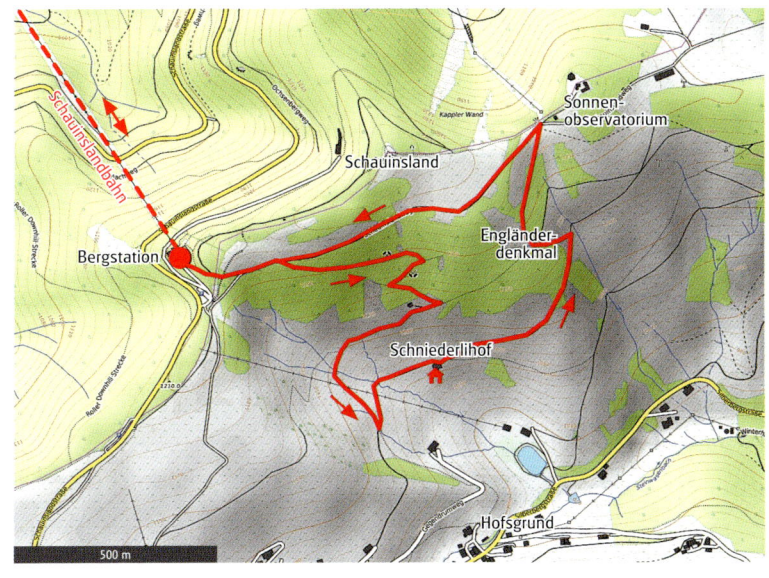

Puh. Wir haben es geschafft: Wir sitzen in der Gondel, der längsten Kabinenumlaufbahn Deutschlands. Fahrtzeit zwischen 15 und 20 Minuten, je nach Betrieb. Gleich von Anfang an wird man für das Warten belohnt. Es bietet sich schon nach wenigen Metern ein wunderschöner Blick auf die Eduardshöhe und Horben. Wenn wir Glück haben, dann sehen wir ab der Mittel-

Von der Schauinslandbahn-Bergstation Blick über Freiburg

Traumhafte Feldbergsicht von der Abraumhalde des Bergwerks

Schmaler Abgang nach dem Bergwerk – der Erzkastenweg

station am Steilhang links eine oder mehrere der seltenen Schauinsland-Gämsen. Bis zum Ausstieg wird die Sicht immer besser: Kurz vor dem Ziel wird der Blick auf den gesamten Oberrhein, die Schweizer Alpen, die Vogesen, den Kaiserstuhl und Freiburg frei. Nach der Ankunft gehen wir einmal um die Bergstation herum und nehmen den mit der Schranke abgetrennten Schauinsland Rundweg Richtung **»Museumsbergwerk«**.

Wir halten uns geradeaus und immer an die Wegweiser, die uns über einen breiten Waldweg an einen Hang mit alten Weidebuchen direkt zum Museumsbergwerk führen. Auch wenn wir das Bergwerk gerade nicht besuchen wollen, sollten wir hier kurz innehalten und den Ausblick genießen: Von der Abraumhalde des Bergwerks hinüber bis Hofsgrund und den Feldberg ist alles geboten. Weiter geht es auf einem schmalen Wanderweg am **Bergwerk** vorbei. Wir folgen dem Wegweiser rechts Richtung »Erzkastenweg, Schniederlihof« bis zu einer Bank, und dann gehen wir rechts im spitzen Winkel steil den Hang bergab. Dabei haben wir die Rotlache – die schönste und längste rote Skipiste (1,2 km) vom Schauinsland – fest im Blick. Nach ca. 50 Metern steil abwärts kommen wir an ein Holzschild, das links auf einen verwachsenen Pfad zum **»Gegentrum Stollen«** hinweist. Es bietet sich an, eine Taschenlampe einzupacken und auf Erkundungstour zu gehen. In jedem Fall ein Highlight am Schauinsland.

Der Bergbau am Schauinsland geht bis ins 12. Jahrhundert zurück. Um eventuelle, Silber führende Erzgänge zu entdecken, wurden Pflanzenanomalien und Wasseraustritte untersucht. Das Wasser bahnte sich durch die Erzgänge seinen Weg, was die Bewirtschaftung schwierig machte. Die Stollen wurden daher immer in den Berg ansteigend herausgehauen, damit der Wasserablauf und Materialtransport erleichtert wurde. Der Gegentrum Stollen wurde mangels Ergiebigkeit seiner Erzader nicht weitergebaut und ist ein Sackgassen Stollen. Er wurde 1988 zugänglich gemacht, weist allerdings bei einer Länge von ca. 16 Metern nur eine Höhe von ca. einem Meter und eine Breite von ca. 30 Zentimetern auf. Also: nicht steckenbleiben!

Nach dem kleinen Abenteuer gehen wir auf den Hauptweg zurück. Jetzt geht es weiter 20 Meter den Hang hinunter. An einer Wegkreuzung halten wir uns scharf links Richtung »Schniederlihof« (rechts Richtung Rotmichele Haus, Abraumhalde), bis zur

Eingang des Gegentrum-Stollens am »Erzkasten«

Beste Sicht vom Dobelsee/Hofsgrund ins St. Wilhelmer Tal und zum Feldberg

Traditionelle Bauweise des Schauinslandhauses: aus Energiespargründen wurde das Dach auf der Wetterseite bis zum Boden gezogen.

Der Schniederlihof: Heimatmuseum und beliebte Pausenstation

Rechten das »**Fallerhäusle**« auftaucht. Seine Ursprünge gehen bis ins frühe 18. Jahrhundert zurück, und es verkörpert teils noch den Baustil des Schauinsland-Hauses. Das Fallerhäusle wurde bis ins 19. Jahrhundert als Unterkunft für Tiroler Fachkräfte für den Schauinsland Bergbau genutzt, ist aber heute in leidlichem Zustand und nicht zu besichtigen.

Wir folgen dem Wegweiser »Hofsgrund Schniederlihof« und dem breiten Weg links am Fallerhäusle vorbei. Links unten sehen wir schon den Schniederlihof oberhalb des Dobelsees. Das ist unser erstes Zwischenziel. Bis dahin begleitet uns ein super Panoramablick auf das Feldbergmassiv, Stübenwasen und Hofsgrund. Der Weg zum **Schniederlihof** ist dank der Wegweiser nicht mehr zu verfehlen. Mal abgesehen davon, dass der Schniederlihof aufgrund eines alten Räucherverfahrens die besten Würste der Region hat und immer für einen leckeren Kuchen gut ist, ist der Hof 1972 zum Heimatmuseum umgebaut worden. Während einer Hausführung gewinnt der Besucher Einblick in das damalige Leben der Bergbauern am Schauinsland. Der 1593 errichtete Hof zeigt, super erhalten, den Haustyp des Schauinsland-Hauses: an den Hang geschmiegte Häuser, Eingänge für Mensch und Tier auf der Ostseite, riesiges Schindeldach.

Nach einer ausgiebigen Vesperpause bei einem leckeren Heidelbeerwein folgen wir gegenüber vom Hof dem Wegweiser »Engländerdenkmal/Schauinsland Gipfel« steil den Berg hinauf. Das geniale Panorama Richtung Feldberg begleitet uns ab jetzt fast die ganze Wanderung zurück. Wir halten uns bei der nächsten Weggabelung an den Wegweiser Richtung **»Engländerdenkmal«**, das wir nach einer scharfen Linkskurve nach ca. zehn Minuten erreichen.

Das Engländerdenkmal ist auf eine tragische Geschichte zurückzuführen: Am 17. April 1936 machte sich eine 27-köpfige englische Schülergruppe auf, um von Freiburg über den Schauinsland nach Todtnau zu wandern. Ein Schneesturm war vorhergesagt, was den Lehrer jedoch nicht bewegen konnte, die Wanderung abzusagen. Sehr zum Verhängnis der Schüler:

Der Schneesturm kostete fünf Jungen das Leben. Zu ihrem Gedenken wurde das Denkmal errichtet.

Vom pompösen Denkmal und dem fantastischen Blick auf den Feldberg beeindruckt, verschaffen wir uns erstmal einen kurzen Überblick über den Wirrwarr an Richtungsschildern und gehen nicht den Weg am Denkmal geradeaus weiter Richtung »Museumsbergwerk«, sondern den Berg nach oben Richtung »Schauinsland Gipfel/Bergstation«.

Dieser Weg zeigt die natürliche Weidefeld-Sukzession. Da die Weiden deutlich weniger genutzt werden, verändert sich langsam die durch Weidebuchen geprägte Landschaft. Die jungen Buchen wachsen zwischen den alten heran und bilden dichtes Stangenholz. Den Weidebuchen wird somit ihre Lichtquelle genommen. Das führt dazu, dass erst die Baumkronen von unten

Auf dem Weg vom Schniederlihof zum Engländerdenkmal: der Feldberg ist unser ständiger Begleiter.

Das Engländerdenkmal: Pompös und mit fantastischem Feldbergblick. Das lässt einen die tragische Geschichte dahinter leicht vergessen.

An der Infotafel des Sonnenobservatoriums am Grat: zur einen Seite hin überzeugt die Sicht auf Feldberg & Co. ...

... zur anderen Seite der Blick über Freiburg bis in den Kaiserstuhl. Genießen ist angesagt!

her langsam absterben und mit der Zeit der ganze Baum. Ebenso kann Pilzbefall auftreten. Ziegen helfen bei einer Bekämpfung der Verbuschung mit, indem sie hier etwas zu fressen finden.

Den Hang bewältigt, nach einem Blick zurück auf das Feldbergmassiv, kommen wir an eine Teerstraße Richtung »Sonnenobservatorium« des Leibniz-Instituts für Sonnenphysik (Kiepenheuer-Institut für Sonnenphysik, KIS). Am Grat bietet sich ein einzigartiger Blick über Kappel nach Freiburg zur einen Seite, zur anderen Seite Richtung Feldberg, und natürlich – wie sollte es auch anders sein – gibt es auch hier eine perfekt platzierte Bank, um alles zu genießen. Danach nehmen wir die Teerstraße Richtung »Schauinslandbahn/Museumsbergwerk«, treffen nach einer Viertelstunde auf den bereits bekannten Weg Richtung **Bergstation** und sind fünf Minuten später dort angekommen. Auf der Fahrt ins Tal haben wir Zeit, nochmal alles Revue passieren zu lassen und freuen uns, dass wir da wohnen, wo andere Urlaub machen.

SCHAUINSLAND-BAHN TALSTATION – GIEßHÜBEL – HORBEN

Immer abwärts ....

⇨ *Einfache Wanderung ohne Steigung mit schönem Panorama.*

⇨ *Kulinarisches Highlight: Zwischenstopp am Gasthof Gießhübel mit seinem legendären Holzfällersteak.*

Ausgangspunkt: Schauinslandbahn-Talstation/Horben

 8,5 km

 einfach

 750 Hm

  ✓

 25 Min.

 30 Min.

Anfahrt ab Freiburg
Ab Hbf. Straßenbahnlinie 2 Richtung Günterstal, Station Dorfstraße in die Buslinie 21 Richtung Horben umsteigen, Ausstieg Schauinslandbahn-Talstation.

Einkehr
Berggasthof Gießhübel
Stohren 17, 79244 Münstertal
Tel. 07602 920 93 40
www.gasthof-giesshuebel.de
Gemütliches Gasthaus mit hervorragendem Blick ins Münstertal und guter badischer Küche.

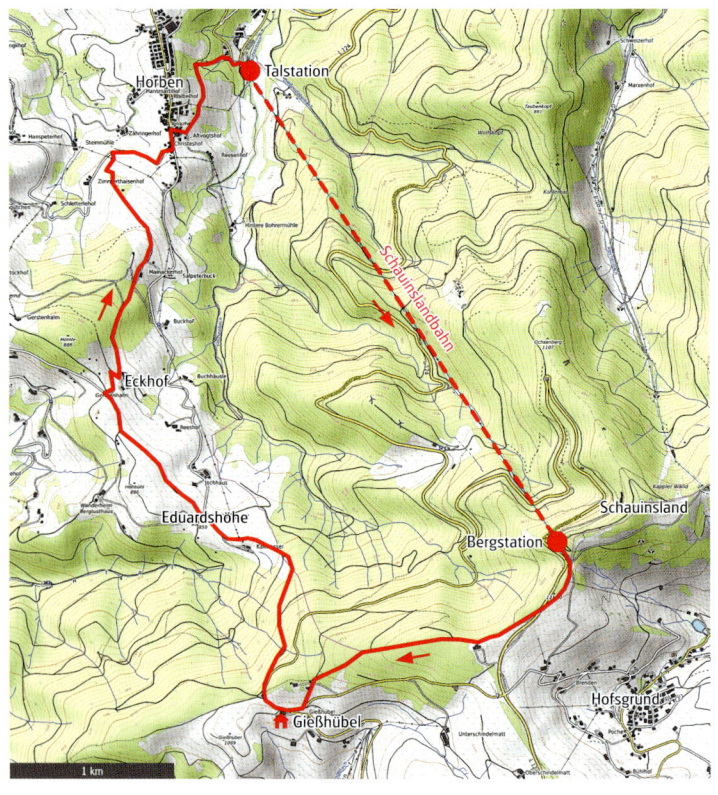

Nur der frühe Vogel fängt den Wurm – das ist bei dieser Tour der Leitspruch, denn wer zu spät kommt, den bestraft das Leben. Im Klartext: Wer am Wochenende an schönen Tagen nach 11 Uhr an der Talstation ist, der muss auch mal mit Wartezeiten bis zu zwei Stunden rechnen. Also: Früh aufstehen, dann kann der Tag nur gut werden. Beim Warten erfahren wir nicht nur, dass die Schauinslandbahn nach wie vor die längste Kabinenumlaufbahn Deutschlands ist, sondern allerlei Wissenswertes über deren Geschichte. Die rund 20-minütige Fahrt zur **Bergstation** stellt dann schon das erste Highlight des Tages dar. Talgerichtet ist man überwältigt von dem traumhaften Blick über den gesamten Oberrheingraben, die Schweizer Alpen, den Kaiserstuhl, die Vogesen und Freiburg. Besser geht es kaum. Wem das nicht genügt, der kann sich das Ganze nochmal von den zahlreichen Aussichtsbänken der Bergstation gönnen. Doch wer denkt, dass das schon alles war – weit gefehlt. Wir laufen die Teerstraße Richtung »Gießhübel 2,2 km« zum Parkplatz hinunter, dann links am Bergwerkswagen vorbei, fünf Meter geradeaus und dann rechts auf die Teerstraße Richtung »Rotlache Bergstation (Skilift)«. Von hier aus sehen wir das Heimatmuseum Schniederlihof, das St. Wilhelmer Tal und den Feldberg. 50 Meter weiter zeigt sich der Feldberg am Ausstieg des **Rotlache-Liftes** noch eindrücklicher. Auch wenn viele nach zehn Minuten Fußweg vielleicht noch keine Pause machen wollen, die Muße, die nahezu perfekte Aussicht zu genießen, sollte man sich nehmen. Eine bessere Perspektive auf die umliegenden Berge wie Feldberg, Stübenwasen, Notschrei und Belchen bekommen wir selten. Die uralten, wunderschönen Weidebuchen, ein Relikt aus der intensiven Beweidung des 18. und 19. Jahrhunderts, stellen nicht nur einmalige Naturdenkmäler dar, sondern eignen sich auch perfekt als Fotomotiv – wie zahlreiche Wanderführer zeigen.

Wir gehen den Panoramaweg ca. 500 Meter nach unten, bis wir an die Schauinslandstraße, die B124 Richtung Todtnau, kommen. Diese überqueren wir geradeaus Richtung »Gießhübel 1,8 km« und laufen bis zum Waldrand. Zur Linken passieren wir eine der

Spielplatz an der Bergstation der Schauinsland Bahn

Bereits nach den ersten 100 Metern: phänomenale Sicht zum Feldberg

50 Meter weiter, auf dem Plateau der Rotlache: Blick auf Haldenköpfle und Belchen

Kurz vor dem Uni-Haus geht es links über die große Wiese.

Das Traditionsgasthaus Gießhübel liegt perfekt: Bei bester Sicht ins Münstertal lässt sich das Steak doppelt genießen.

größten Bausünden am Schauinsland. Hier wurde ein großes Hotel hingestellt, allerdings nie vollendet, da der Investor pleiteging. Danach wurde es zur Unterkunft für Geflüchtete. Mal abgesehen davon, dass man sich fragt, wie man an solch exponierter Stelle mitten im Naturschutzgebiet regulär eine Baugenehmigung bekommen konnte, fragt man sich weiter, wie auf 1200 Höhenmetern fernab der Zivilisation Integration möglich sein sollte. Inzwischen hat sich nach vielen Jahren ein neuer Investor gefunden. Berghaus Freiburg nennt sich der Appartementkomplex mit Café. Bleibt abzuwarten, ob dieses Konzept in unmittelbarer Nähe zum bekannten, guten und eingeführten Gasthof Gießhübel funktioniert.

Wir folgen dem breiten Waldweg (gelbe Raute) immer geradeaus und lassen uns von Abzweigungen Richtung Holzschlägermatte nicht irritieren, bis wir das **Uni-Haus Schauinsland** erreichen. Hier biegen wir vor dem Haus in rechtem Winkel links ab und gehen vor den Häusern den schmalen, kaum sichtbaren Weg über die große Wiese zum **Gasthof Gießhübel**. In der be-

Blick auf Freiburg von Kaltwasser oberhalb der Eduardshöhe

liebten Gaststätte ist es selten einfach, einen Außenplatz mit traumhafter Sicht Richtung Münstertal und Belchen zu ergattern.

Der Gießhübel wird nach vielen Pächterwechseln von der Familie Brüstle bewirtet, die vormals jahrelang die Erlenbacher Hütte betrieb. Neben regionaler Küche und hausgemachten Kuchen ist das Holzfällersteak nach Art des Hauses legendär. Es ist auf jeden Fall schön, dass ein altes Traditionsgasthaus wieder in die Spur gekommen ist und auch Familien mit Kindern hier gerne gesehen sind. Man darf gespannt sein, was die nächsten Jahre passiert, da der Gießhübel um- und ausgebaut werden soll. Eine große Hotelanlage mit Wellnessbereich wurde Gott sei Dank abgewendet.

Nach der Pflichtpause im Gießhübel laufen wir ca. 100 Meter die Straße Richtung »Freiburg/Eduardshöhe« am Parkplatz entlang. Ca. 20 Meter nach einer Rechtskurve folgen wir links dem Wegweiser Richtung »Eduardshöhe 1,6 km/Kaltwasser Weg« (blaue Raute), nach ca. 400 Metern dann dem Wegweiser »Edu-

Das Jochhäusle ist der höchste Hof auf der Eduardshöhe.

Der Kandel- und Freiburg Blick begleitet uns den gesamten Weg auf der Eduardshöhe.

ardshöhe 1,2 km/Freiburg 12 km« bis wir aus dem Wald kommen und sich zur Linken eine große Wiese eröffnet. Die Aussichtsbank hier ist für uns eine der schönsten, die der Schwarzwald zu bieten hat. Wir haben einen phänomenalen Blick über die Eduardshöhe, Horben, Luisenhöhe und Freiburg. Eigentlich will man hier gar nicht mehr weg, so schön ist es hier. Wer es dennoch geschafft hat sich loszureißen, der hat einen Panoramaweg der Extraklasse vor sich.

Nach einer großen Linkskurve kommen wir am höchsten Hof von Horben vorbei, dem **Jochhäusle**, um von da ab eine hervorragende Daueraussicht auf der Eduardshöhe Richtung Freiburg zu genießen. Am Jochhäusle rechts vorbei (Sicht nach Staufen und Bollschweil), halten wir uns bei der nächsten Wegkreuzung geradeaus und folgen der blauen Raute Richtung »Eduardshöhe 0,2 km/Horben 3,5 km/Eckhof«. Einen Kilometer weiter auf der Höhe und einem fast ebenen Weg biegen wir am Wanderparkplatz und dem Wegweiser »Horben 3,0 km/Gerstenhalmstüble 0,2 km/Talstation Schauinsland 4,0 km« rechts Richtung »Horben/Eckhof« ab.

Hier ist auch ein beliebter Meeting Point für Genießer. An schönen klaren Tagen kann man auf einer der zahlreichen, perfekt platzierten Bänke traumhafte Sonnenuntergänge genießen. Allein ist man dabei nicht, da der Fleck bei Wanderern sehr beliebt und darum sehr frequentiert ist.

Nach wenigen Metern sind wir am **Eckhof**, wo uns nicht nur ein gut ausgestatteter Hofladen, sondern auch die höchstgelegene Eisdiele in der Umgebung Freiburgs erwartet. Und das in einem der ältesten Anwesen der Region: Der Eckhof hat seine erste urkundliche Erwähnung 1566. Wohl dem, der am Samstag vor 18 Uhr (Öffnungszeiten Hofladen: Di–Sa, 14–18 Uhr) kommt, denn er kann aus einer großen Anzahl von Bio-Eissorten wählen, die meiner Meinung nach zu den allerbesten der Region gehören. Danach geht es die schmale Teerstraße Richtung Horben den Berg hinunter. Nach ca. 500 Metern nehmen wir den schmalen Waldpfad nach rechts (Holzschild Fußweg), den wir bis zur querenden Teerstraße gehen. Diese passieren wir und

Abzweigung zum Eckhof: Jetzt gibt es gleich feines Bio-Eis.

gehen den Maienackerweg Richtung »Rathaus Horben 1,8 km/ Schauinsland Talstation 2,5 km« geradeaus weiter.
Etwas Vorsicht ist bei dem angrenzenden Bauernhof geboten, wenn der Hund frei herumläuft. Soweit man ruhig bleibt, ist auch dieses Stück schnell gemeistert. Wir halten uns bei der nächsten Weggabelung an den Fußweg Horben geradeaus. Diesem Wiesenweg folgen wir, an einer Grillstelle vorbei, ziemlich gerade den Berg hinunter, bis wir schließlich wieder an eine Teerstraße kommen – diesmal an die Verbindungstraße von Katzental und Horben.
Nach einer kurzen Rast auf der Sitzbank mit einem Ausblick auf den Schönberg, Freiburg, das Katzental und die Vogesen, wenden wir uns nach rechts und folgen der Straße bis Horben. Sobald wir die Hauptstraße erreichen, biegen wir links Richtung **Horben Rathaus** ab, um nach ca. 50 Metern rechts abzubiegen Richtung »Schauinsland Talstation 1 km/Bohrer 1,5 km«.
Am Peterhof vorbei zweigt der Weg vor dem Misthaufen links ab und führt an großen Wiesen vorbei. Sobald wir den Wald erreichen, geht nach ca. 20 Metern in der Kurve ein schmaler Pfad (blaue Raute) **Richtung Talstation** ab. Hier ist Trittsicherheit notwendig. Nach 5–10 Minuten kommen wir wieder an die Hauptstraße nach Horben. Zur Rechten sehen wir schon die Schauinsland-Talstation, von der aus uns Bus und Bahn nach Freiburg zurückbringen.

Auf dem Horbener Panoramaweg: beste Sicht auf Horben und Freiburg

Auf den letzten Metern begleitet uns Freiburgs Hausberg, der Schauinsland. Da kommen wir her.

Zum Schluss: Urwald-Weg zur Talstation

7

SCHAUINSLAND – RAPPENECKER HÜTTE – KIRCHZARTEN

 10 km

 mittel

 860 Hm

  ✓

 –

 30 Min. / 12 Min.

Wo einst die Köhler ihre Meiler hatten und Solarenergie eine Hütte versorgt …

 Traumhafte Ausblicke über das Dreisamtal.
 Es gibt nur eine Richtung: nach unten!
 Kein Rundweg, Hin- und Rückfahrt mit ÖPNV.

Ausgangspunkt: Schauinslandbahn-Talstation/Horben

Anfahrt ab Freiburg

Ab Hbf. Straßenbahnlinie 2 Richtung Günterstal, an der Station Dorfstraße in die Buslinie 21 Richtung Horben umsteigen, Ausstieg Schauinslandbahn-Talstation. Rückfahrt mit S-Bahn 10 oder 11 ab Kirchzarten. Fahrzeit bis zum Hbf. Freiburg ca. 12 Minuten.

Einkehr

Rappenecker Hütte
Rappeneck 1, 79254 Oberried
www.rappenecker-huette.de
Hütte mit nachhaltiger Energiebewirtschaftung, solider Vesperkarte und guten Kuchen.

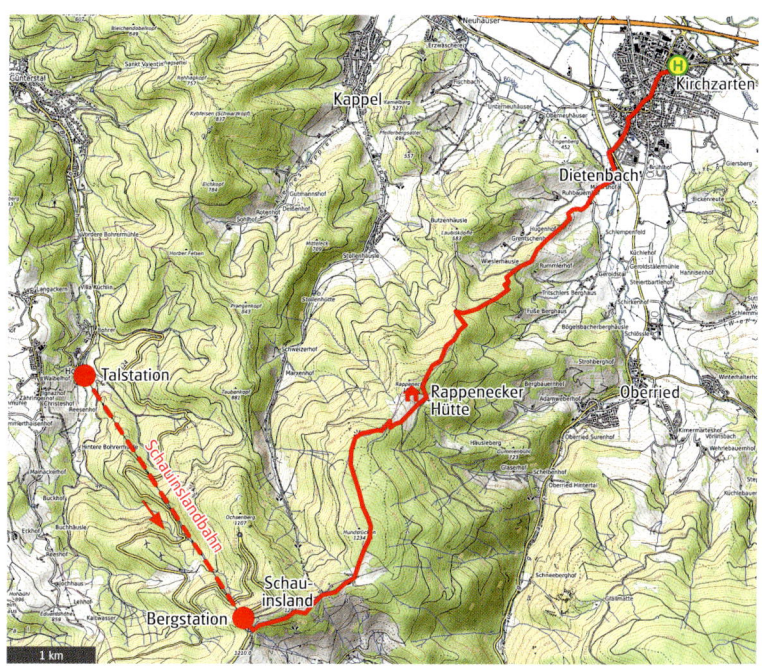

Blick vom Weg auf den Schauinsland Aussichtsturm

Egal ob über Freiburg oder hinüber zum Feldberg: Die Sicht ist genial und perfekt mit Bank zu genießen. Einfach schön!

Der Kohlplatz: ehemaliger Standort für Kohlemeiler zur Holzgewinnung

Wir nehmen die Gondel und genießen die Fahrt auf den Freiburger Hausberg. Zunächst gehen wir um die Bergstation herum und halten uns an die Wegweiser Richtung »Besucherbergwerk 0,8 km/Hofsgrund 2,5 km«. Diesem leicht ansteigenden Weg folgen wir, bis wir auf eine Teerstraße treffen. Schräg gegenüber ist die Bergwerklore zu sehen, die den Weg zum Besucherbergwerk aufzeigt. Wir halten uns aber links und folgen der Teerstraße nach oben, bis sie eine Rechtskurve macht. Hier befindet sich eine Infotafel des Leibniz-Instituts für Sonnenphysik (Kiepenheuer-Institut für Sonnenphysik, KIS). Links geht es zum Schauinsland Aussichtsturm. Wir begnügen uns mit der phänomenalen Aussicht über Freiburg und das Feldbergmassiv von der Bank nebenan. Satt gesehen? Noch nicht? Es kommt noch mehr ...

Wir gehen die Teerstraße entlang an schönen Weidebuchen, bis zu dem Gebäude des Umweltbundesamtes, Messstelle Schauinsland und dem Wegweiser »Rappenecker Hütte 4,8 km« weiter, bis sie in einen breiten Feldweg mündet, der an einer wunderschönen Wiese vorbeiführt, dem **Kohlplatz**. Der Name kommt von den zahlreichen Kohlemeilern, die dort zur Holzkohlegewinnung standen. Diese Tradition wird heute allerdings nur noch selten fortgeführt.

Wir laufen an der Wiese vorbei und betreten, dem Weg gerade folgend, einen schmalen Pfad, der zum Teil steil nach unten

führt. Der Pfad mündet in einen breiten Forstweg, dem wir links folgen. Es ergeben sich zwischendurch traumhafte Ausblicke durch die Bäume Richtung Kirchzarten/Buchenbach. Bei der Abzweigung rechts, Richtung »Ochsenlager«, halten wir uns geradeaus und laufen den breiten Forstweg leicht nach unten, an zahlreichen, riesigen Ameisenhaufen vorbei, bis auf der linken Seite, gleich am Weg, eine Jagdhütte auftaucht. Kurz danach geht ein schmaler Weg links ab, geradewegs mitten über die Wiese bis zum Wald. Am Waldrand entlang folgen wir dem Wegweiser zum »Rappenecker Sattel 0,2 km«.

Hier ist die ohnehin tolle Aussicht Richtung Kirchzarten nochmals optimiert, denn wir haben zudem einen freien Blick nach Freiburg und zu den Vogesen. Genau hier befindet sich ein Wegweiser nach links Richtung »Kappel 5,5 km«, geradeaus Richtung »Rappenecker Hof 0,5 km«. Wir halten uns aber rechts und gehen den kaum mehr sichtbaren Wiesenpfad, der straight zur **Rappenecker Hütte** hinführt.

Die Hütte wurde bereits im 17. Jahrhundert urkundlich erwähnt, war aber damals wie auch heute noch nicht an öffentliche Versorgungsnetze angeschlossen. Sie ist nicht nur die erste vollständig solarversorgte Gaststätte, sondern verfügt seit 1987 über ein ausgeklügeltes Energiespeichersystem, das sogar Ausfälle gut überbrücken kann. Nach mäßiger Führung über einige Jahre war kurzzeitig mit neuem Pächter Ruhe eingekehrt.

Auf dem Weg zur Rappenecker Hütte gibt es immer wieder schöne Ausblicke nach Kirchzarten.

Riesige Ameisenhaufen zeugen von intakter Natur.

Der Rappenecker Sattel: genießen, chillen – jetzt ist es zur Hütte nicht mehr weit!

Die Rappenecker Hütte – immer eine Pause wert.

RUND UM FREIBURG UND DEN SCHAUINSLAND

Auf dem Weg nach unten: wiederkehrende Aussicht über Kirchzarten ins Unteribental

Nach kurzem, steilem Abstieg können wir die schöne Aussicht übers Geroldstal genießen.

Damit ist es aber nun auch vorbei. Inzwischen ist die Hütte nur noch von Freitag bis Sonntag geöffnet. Die Preise sind durchwachsen, die Aussicht genial. Nach einer ausgiebigen Rast gehen wir gegenüber der Hütte zum Waldrand und halten uns an den Wegweiser »Dietenbach Jungbauernhof 3,5 km/Kirchzarten Bahnhof 4,5 km«.

Ab in den Wald folgen wir dem leicht abwärts führenden Weg geradeaus. Die Abzweigung rechts nach ca. 200 Metern beachten wir nicht und folgen weiter der gelben Raute. Zwischendurch ergeben sich schöne Ausblicke auf Kappel, später dann, bei einer Waldlichtung, auf Kirchzarten. Weiter geht es steil nach links in den Wald, um dann nach ca. 100 Metern in einer scharfen Rechtskurve auf einen ordentlich abfallenden, breiten Waldweg zu kommen. Diesem folgen wir immer geradeaus, bis wir am **Lang-Kreitz-Platz** an eine Weggabelung kommen. Wir halten uns aber weiterhin geradeaus und folgen einem schmalen Pfad mit nicht zu übersehender Beschilderung Richtung »Geroldstal«. Über einen alpinen Pfad (gelbe Raute), der über ein paar Querwege hinwegführt, kommen wir schließlich an einen breiten Waldweg, der nach einer steilen Rechtskurve an einer Vesperbank mit Marterl endet.

Hier ist Pause angesagt. Im Schatten können wir den Blick auf St. Peter und Kirchzarten genießen und uns nochmal für den Rest des Weges stärken. Mit frischer Power halten wir uns an die gelbe Raute, überqueren die Teerstraße und gehen bei wunderschönem Blick auf Kirchzarten den Weg gegenüber unserem Rastplatz entlang der Weiden des Jungbauernhofes. Der Weg führt uns an Aussichtsbänken und Obstbäumen vorbei, die bei traumhaftem Panorama zu permanentem Verweilen einladen. Am Jungbauernhof angekommen, halten wir uns an den Wegweiser Richtung »Rössle 0,4 km/Kirchzarten BF 1,2 km«, bis wir im Stadtteil **Dietenbach** von Kirchzarten ankommen. Wir durchlaufen die Unterführung unter der Schnellstraße nach Oberried (Wegweiser Kirchzarten 1,2 km) und folgen der Straßenführung geradeaus (Dietenbachstraße), die direkt gegenüber dem Biergarten Fiesta in die Straße nach Freiburg mündet. Nun biegen wir rechts auf die Freiburger Straße ab, gehen durch die Fußgängerzone Kirchzartens und folgen danach links der Hauptstraße Richtung **Bahnhof** (Wegweiser). Jetzt nur noch in die Bahn einsteigen und sich direkt nach Freiburg zurückfahren lassen (ca. 15 Minuten). Immer in der Gewissheit, es geht doch: Autofrei Wandern, ohne bei Ausblick und Tour Kompromisse machen zu müssen.

Schmaler, aber einfacher Weg durchs untere Geroldstal

Fast unten angekommen bietet sich unter Obstbäumen noch ein herrlicher Blick über den Jungbauernhof nach Kirchzarten.

8 LEIMSTOLLEN-HOF – WILDTALER ECK – STRECKERECK

Aussichtsreiche Wanderrunde mit Hühnerbegleitung ...

 10 km

 mittel

 340 Hm

 –

 15 Min.

 –

 Direkt vor den Toren Freiburgs mit Blick auf Kandel und Vogesen.

 Die Anstiege von Eck zu Eck erfordern Kondition und festes Schuhwerk.

Ausgangspunkt: Parkplatz am Rand der Löschwasserentnahmestelle vor der Brücke zum Leimstollenhof in Gundelfingen/Wildtal

Anfahrt ab Freiburg

Auf der Habsburgerstraße nach Zähringen, von der Zähringer Straße in die Bernlappstraße abbiegen, dann links in die Wildtalstraße und weiter bis zur Löschwasserstelle vor dem Leimstollenhof.

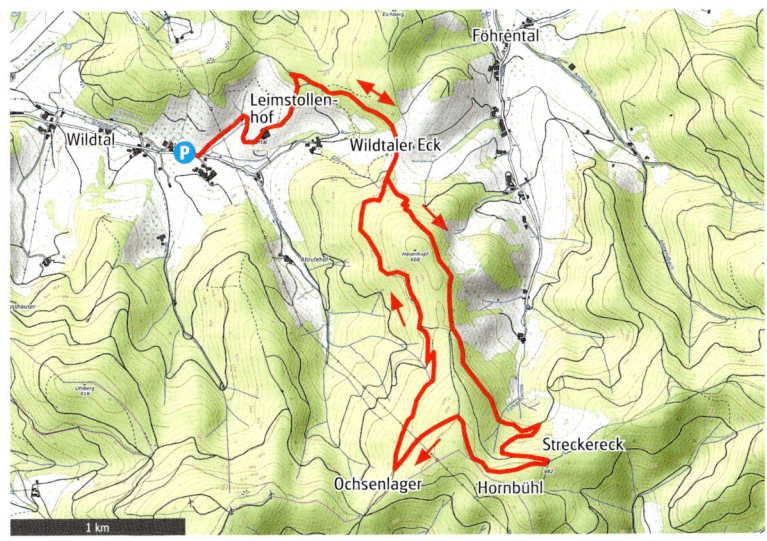

Vom Parkplatz aus halten wir uns zunächst immer an die gelbe Raute. Wir gehen über die Brücke auf dem Leimstollenweg bis zum **Leimstollenhof**. In der letzten Kurve vor dem Hof verweilen wir kurz an der Bank, um die traumhafte Aussicht über das Wildtal zu genießen. Danach geht es weiter aufwärts, am Leimstollenhof vorbei, bei dem man sich auf dem Rückweg ein paar hervorragend schmeckende Bio-Eier aus dem Automaten ziehen kann. Wir streifen eine große Weide, auf der hunderte Hühnchen zufrieden im hohen Gras umhertapsen. Die Straße geht in einen Schotterweg über und zieht sich weiter den Berg

Freilaufende Hühner vor dem Leimstollen Hof garantieren geschmacklich gute Eier.

Wildtaler Eck zum Zweiten: Blick zurück übers Wildtal nach Freiburg

Wildtaler Eck – beste Sicht auf Föhrental und Kandel ist garantiert.

hoch. Zur Linken weitet sich die Aussicht über das Wildtal und nach Freiburg. Sobald wir den Wald erreicht haben, geht es noch ca. 100 Meter weiter aufwärts, bis wir den Wegweiser Richtung »Wildtaler Eck 0,8 km/Streckereck 3,5 km« erreichen. Dort biegen wir scharf nach rechts ab, immer der gelben Raute folgend. Nach ca. einer Viertelstunde über einen breiten Waldweg blicken wir auf das Wildtaler Eck, sicher einer der schönsten Aussichtspunkte rund um Freiburg. Die Bank unter einem weitausladenden Baum lädt zur Pause ein. Von hier aus können wir auf der einen Seite über das Föhrental und zum Kandel schauen. Den Blick gewendet, sehen wir nach Freiburg, in die Rheinebene und zu den Vogesen.

Nach kurzer Rast gehen wir auf dem Hauptweg Richtung »Streckereck 2,5 km/St. Peter 12,5 km« sanft den Berg hinauf, bis kurz vor einer **Schutzhütte** auf der rechten Seite links ein

Pfad (Wegweiser »Streckereck 2,5 km«) Richtung Streckereck abgeht. Alles bisherige war ein Kinderspiel. Jetzt aber schlängelt sich der Pfad in Serpentinen steil den **Hasenkopf** bergauf. Der schmale Weg kann zum Teil etwas rutschig sein, daher sollte man festes Schuhwerk tragen. Es gibt immer wieder wunderschöne Ausblicke auf das Föhrental und den Kandel. Nach etwa 500 Meter Steigung können wir die Belohnung einheimsen: Jetzt mündet der enge, steile Pfad in einen breiten Waldweg. Von da ab geht es fast eben bis zum Strecker Eck. Wir folgen der gelben Raute, bis in einer Linkskurve an einem **Holzlagerplatz** eine Waldstraße im spitzen Winkel rechts nach oben führt. Der Wegweiser »Streckereck 0,5 km« hilft bei der Orientierung. Wir halten uns an den Wegweiser und gehen den Weg steil nach oben, bis er auf einen weiteren breiten Weg trifft. Den gehen wir, immer der gelben Raute nach, nach links, bis wir nach einer Wegkreuzung direkt zum **Streckereck** kommen: einem traumhaften Aussichtspunkt und beliebten Ziel für Mountainbiker.

Gegenüber der Schutzhütte nehmen wir den schmalen, steilen Pfad links nach oben Richtung Streckereck.

Unterwegs zeigt sich der Kandel in voller Schönheit.

Noch nicht am Ziel, aber auch schon traumhaft: Blick übers Föhrental hin zu Kandel und Kaiserstuhl

Schutzhütte am Streckereck

Phänomenale Aussicht vom Steckereck über Emmendingen bis in die Ortenau – jetzt ist klar, warum man hier nie alleine ist.

Hier bietet sich ein toller Blick auf das Föhrental, den Kandel, von Denzlingen über den Kaiserstuhl bis in die Vogesen. Ein Platz zum Verweilen und ein weiteres Highlight dieser Tour, leider aber immer entsprechend frequentiert.

Nun gehen wir wieder die 50 Meter den Weg zurück, den wir gekommen waren, und laufen bei dem Marterl und der Bank den Kandelhöhenweg – den kleinen Pfad geradeaus – Richtung »Ochsenlager 1,6 km/Roßkopf 3 km«.

Hier befinden wir uns auf schmalem, fast ebenen Weg. Angenehm, mit schönen Ausblicken zwischendurch, macht der Weg eine sanfte Rechtskurve. Am Ende kommen wir an eine Weggabelung. Gerade geht es weiter Richtung Hasenkopf. Wir halten uns aber an den Pfeil am Baum und nehmen die Abzweigung links Richtung Ochsenlager. Diesem Weg folgen wir bergab, bis er auf eine breite Waldstraße mündet, der wir in spitzem Winkel nach rechts folgen. Bei der Mündung steht ein Wegweiser Richtung »Wildtaler Eck 2,2 km«.

Diese Straße gehen wir ziemlich gerade entlang, bis in einer Linkskurve ein schmaler Pfad (gelbe Raute) gerade durchs Gestrüpp führt. Diesem wildromantischen Waldweg folgen wir (immer der gelben Raute nach) zurück bis zum **Wildtaler Eck** und nehmen den schon bekannten Weg zum Leimstollenhof und zum Parkplatz.

SPIRZENDOBEL – ST. BARBARA – BELLECK

Streifzug für Romantiker ...

⇨ Auf felsigen Pfaden geht es zum Belleck, einem der verträumten Orte bei Freiburg.

⇨ Der Rückweg führt am historischen Danielhof von 1529 vorbei.

⇨ Aussichtsreicher Rundweg mit Blick auf Kandel, Thurner und Schauinsland.

Ausgangspunkt: Spirzenstraße/Buchenbach

 5 Km

 mittel

 270 Hm

 —

 25 Min.

 —

Anfahrt ab Freiburg

B31 Richtung Donaueschingen, Ausfahrt Buchenbach/St. Peter, Talstraße durch Buchenbach fahren, nach dem Sägewerk Dold rechts in die Spirzenstraße Richtung Thurner abbiegen. Ca. 100 Meter nach dem ersten Haus auf der linken Seite gibt es eine kleine geteerte Einbuchtung zum Parken.

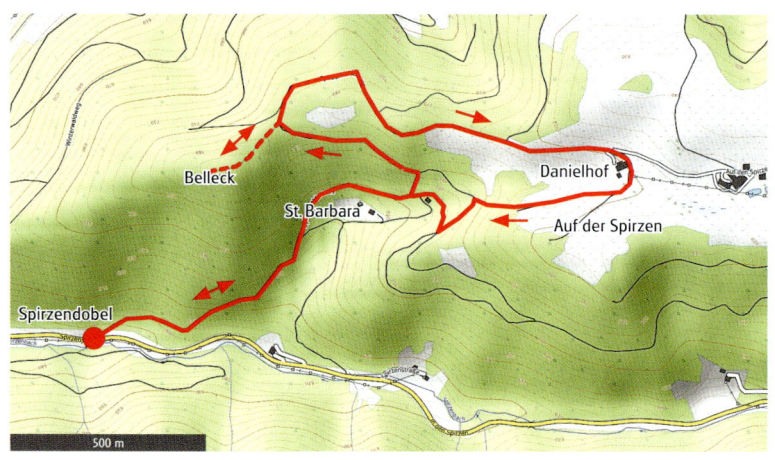

Gleich zu Anfang: abenteuerlicher Pfad mit kaum mehr sichtbaren Zugang

Von der kleinen Parkbucht gehen wir den wildromantischen, schmalen Pfad steil bergan. Unterwegs gibt es zahlreiche, teils verwitterte Sitzbänke, die zum Verweilen einladen. Nach etwa einer halben Stunde Fußmarsch kommen wir auf eine nach oben führende breite Waldstraße. Rechts unten ist das Jugendheim St. Barbara zu sehen. Wir halten uns geradeaus auf der Straße nach oben Richtung »Belleck 1,2 km/Turner 9,5 km« (gelbe Raute), die uns oberhalb von St. Barbara entlang und nach einer 180 Grad Kurve links mäßig aufwärts direkt zu den Wegweisern Richtung »Belleck 0,2 km/Thurner 8,5 km« führt. Auf dem Weg dahin bieten sich immer wieder schöne Ausblicke auf das Schauinslandmassiv.

Am Wegweiser verlassen wir die breite Waldstraße Richtung Thurner und steigen den schmalen Pfad, der direkt in der

Rechtskurve nach links abgeht, steil 200 Meter Richtung **Belleck** nach oben. Es wird immer felsiger, bis sich schließlich nach Umrundung eines letzten Felsens ein Tor, von zwei alten Eichen gesäumt, mit einer Bank auftut. Diese zurechtgerückt, bietet den idealen Platz für eine ausgiebige Rast mit perfektem Blick auf den Schauinsland. Wenn man da so sitzt und die Aussicht genießt, weiß man, dass das Belleck zurecht seinen Namen trägt. Belle ist französisch und bedeutet übersetzt: schön. Das ist sicher einer der romantischsten Punkte rund um Freiburg. Einfach mystisch.

Kurz vor dem Belleck: Sicht auf St. Peter

Aufgetankt vom Augenschmaus gehen wir zurück Richtung Waldstraße, die wir bei unserem kurzen Ausflug aufs Belleck verlassen haben. Dort angekommen wenden wir uns links Richtung »Thurner 8,5 km/Wagensteig 2,2 km« und gehen um die Kurve herum die breite Waldstraße nach oben über den **Bellecksattel** Richtung Thurner.

Felsiger Pfad auf den letzten Metern

Nach ca. einem Kilometer ergibt sich ein wunderschöner Blick auf den seit 1529 bestehenden **Danielhof**. Bis dahin berau-

Das Belleck – Romantik unter Eichen

RUND UM FREIBURG UND DEN SCHAUINSLAND

Thurner Spur zum Danielhof

Nach dem Danielhof geht es wieder abwärts.

schen wir uns an der schönen Aussicht auf den Schauinsland und den traumhaften Gratwiesen. Unermüdliche können einen Kurzabstecher zehn Meter links vom Gratweg nach oben machen und einen einmaligen Blick auf St. Peter erhaschen. Muss aber nicht sein, die Aussicht ist auch so schon top. Wir umrunden den Danielhof und gehen straight den von Weidezäunen und Obstbäumen gesäumten Weg nach unten. Wir halten uns auf dem breiten Waldweg (gelbe Raute), bis im spitzen Winkel (bevor der Hauptweg steil nach unten geht!) eine schmalere Waldstraße nach rechts abbiegt. Diese nehmen wir, überqueren eine breite Waldstraße und folgen der gelben Raute und demselben Weg, den wir gekommen sind, an **St. Barbara** (diesmal links gelegen) vorbei, bis wir wieder beim Parkplatz am **Spirzendobel** ankommen.

UNTERIBENTAL – LINDENBERG – SOMMERBERG

Auf den Spuren der Pilger …

 Kurve um Kurve öffnet sich das Blickfenster zu Schauinsland und Feldberg.

 Von der Kapelle bis zur Wallfahrtskirche mit Verpflegung.

Ausgangspunkt: Wanderparkplatz an der Kapelle beim Gallihof in Unteribental/Buchenbach

 6,5 km

 einfach

 270 Hm

  ✓

 30 Min.

 –

Anfahrt von Freiburg

B31 Richtung Donaueschingen, Ausfahrt Kirchzarten/St. Peter, abbiegen auf L126, an den Wegweisern und Kreisverkehren Richtung St. Peter/Unteribental halten. Die Höllentalstraße geht in die Ibentalstraße über. Diese entlangfahren bis zur Kapelle mit Wanderparkplatz, gegenüber auf der rechten Seite ist der große Gallihof.

Einkehr

Pilgergaststätte Lindenberg
Lindenbergstraße 25, 79271 St. Peter
Tel. 07661 90 84 321
www.pilgergaststaette-marialindenberg.metro.rest
Selbstbedienungsrestaurant, täglich wechselnde badische Gerichte, günstiges Preissegment, gemütlich ist anders, aber das Essen ist gut.

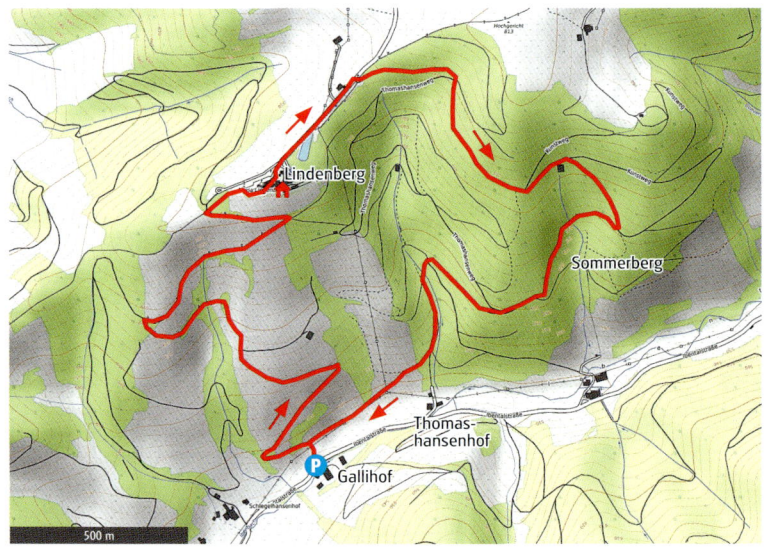

Vom Parkplatz aus halten uns hier an die Wegweiser Richtung »Lindenberg 2,5 km« und gehen auf der kleinen geteerten Straße in Serpentinen den Lindenberg hoch. Da nur sporadisch Bäume entlang des Weges stehen, ist es ratsam, den Weg nicht bei zu großer Hitze zu gehen. Theoretisch kann man bei jeder Kurve eine Pause auf einer der zahlreichen Aussichtsbänke einlegen, die mit zunehmenden Höhenmetern mit immer genialeren Blicken punkten können.

Wanderparkplatz am Gallihof

Klosterkirche am Lindenberg

Perfekte Sicht auf Feldberg & Co. auf dem Weg nach oben

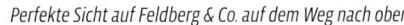

Aussichtsplattform oben auf dem Lindenberg

Feldbergblick

Pilgergaststätte

Auf dem **Lindenberg** angekommen, treffen wir auf einen großen Platz und schauen von dort auf der einen Seite ins Eschbachtal und auf der anderen Seite zum Hinterwaldkopf, Höfener Hütte und Feldberg. Hier verweilen wir und genießen die Aussicht, besuchen die Kirche oder genehmigen uns in der Pilgergaststätte eine kleine Brotzeit.

Weiter geht es die geteerte Straße am Parkplatz und an dem einzelnen Haus (Lindenbergstraße 21) vorbei bis zum Wegweiser »Eckpeterhof 1,5 km/St. Peter 3,0 km«. Hier biegen wir auf die Waldstraße rechts Richtung St. Peter ab. Diesen breiten Waldweg laufen wir entlang. Nach der zweiten Kurve biegt links ein Weg mit gelber Raute ab, diesen ignorieren wir und gehen dort talwärts weiter auf dem breiten Waldweg, der sich leicht nach unten neigt. Nach ca. einem Kilometer kommt eine Spitzkehre; wir halten uns weiter auf dem breiten Weg bis nach

Blick übers Unteribental und auf unseren Ausgangspunkt am Gallihof

einer weiteren Spitzkehre ein schmaler geschotterter Weg rechts nach unten abzweigt: Diesen nehmen wir. Nach einer kurzen Serpentinenkurve biegen wir rechts wieder auf einen breiten Waldweg. Diesem folgen wir, bis er links zum **Thomashansenhof** führt. Wir nehmen genau hier die Abzweigung mit kurzer Rechtskurve nach oben, die links in einen Wiesenweg übergeht, und sehen schon den Gallihof, unseren Ausgangspunkt. Wir folgen dem Wiesenweg bis zum Wald und nehmen weiter den Weg nach unten zum Waldrand. Danach geht es auf dem Wiesenpfad ein kurzes Stück durch die Weide und an Obstbäumen vorbei bis zum Ausgangspunkt.

Hier geht es links zum Thomashansenhof, wir halten uns rechts.

SCHNEEBERG – GFÄLLMATTE – BANNWALD FAULBACH

 7,5 km

 schwer

 450 Hm

 –

 25 Min.

 30 Min.

Den Schauinsland-Gämsen nach …

 Auf verwachsenen Pfaden durch wilden Bannwald.

 Inklusive einer Geschichtsstunde über einstige Burgherren.

 Trittsicherheit erforderlich, es besteht Absturzgefahr, die Tour ist nur für sehr geübte Wanderer geeignet!

Ausgangspunkt: Wanderparkplatz Schneeberg/Oberried

Anfahrt ab Freiburg

B31 Richtung Donaueschingen, Ausfahrt Oberried. Durch Oberried Richtung Todtnau/Notschrei, nach dem Ortschild am Ortsausgang befindet sich links nach einer Brücke der Schneeberg Wanderparkplatz.

ÖPNV ab Freiburg

Ab Hbf. mit S 1,10 oder 11 Richtung Kirchzarten, umsteigen in den Bus 7215 Richtung Todtnau, Ausstieg Wanderparkplatz Schneeberg in Oberried.

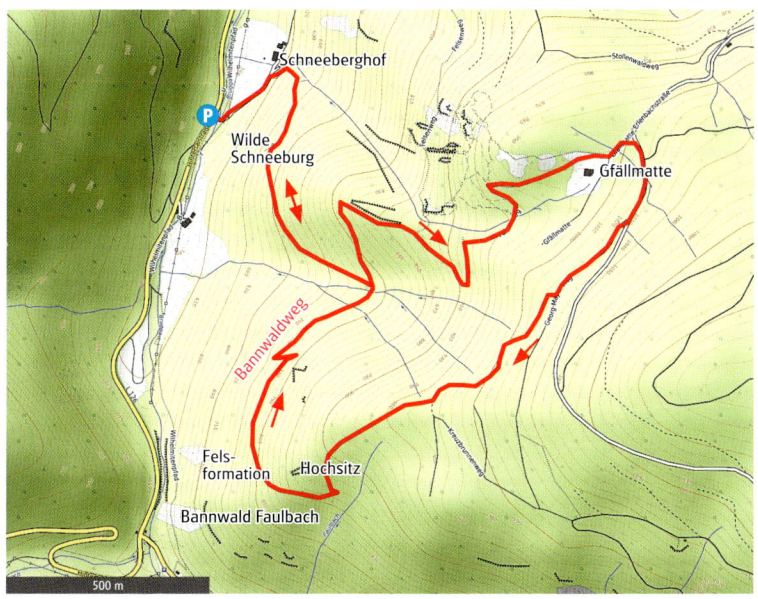

Los geht es direkt über den Fluss auf der geteerten Straße der gelben Raute nach bis zum **Schneeberghof**. Vor dem Schuppen auf der rechten Seite gehen wir einen schmalen Pfad in Serpentinen steil aufwärts, bis wir nach ca. 15 Minuten auf der rechten Seite die Überreste der wilden **Schneeburg** erreichen. Außer ein paar Steinhaufen und einem nachträglich errichteten Bild-

Wanderparkplatz Schneeberg – hier starten wir.

Klettern ist angesagt, der Weg ist nicht in optimalem Zustand.

Ankunft auf der Gfällmatte

nis des ehemaligen Freiburger Adeligen Schnewlin ist nicht mehr viel übriggeblieben. Von hier aus hat man einen Blick nach Oberried und über das gesamte Tal. Das war sicherlich ein Grund dafür, dass die Burg genau an diesem Ort stand.

Die wilde Schneeburg ist heute eine »abgegangene Spornburg«. So nennt man eine Burg, von der weniger als eine Ruine erhalten ist. Die Burg wurde erstmals 1302 als »nuwe unde wilde Snevspurg« erwähnt. Aufgrund von Keramikfunden wird vermutet, dass sie in der zweiten Hälfte des 13. Jahrhunderts erbaut wurde. Als Erbauer und Namensgeber werden die Snewlins erwähnt, eine der im 13. und 14. Jahrhundert angesehensten und wohlhabendsten Adelsfamilien in Freiburg. Nach einem Verkauf an die Brüder Kolman, Ritter und Bürger zu Freiburg, wurde die Burg erweitert. Streitigkeiten zwischen der Stadt Freiburg und den Kolmans, vermutlich in Zusammenhang mit der Herstellung und dem Handel von Holzkohle, eskalierten im Frühherbst 1314 mit der Zerstörung der Burg durch ein Freiburger Aufgebot. Die Anlage wurde danach nicht mehr aufgebaut.

Wir gehen von der Burg aus weitere 500 Meter steil bergauf bis zu einer Weggabelung, an der wir dem Hauptweg folgen, der scharf nach links abzweigt und klar als Weg erkennbar ist. Der nur schemenhaft erkennbare Weg rechts über den Bach führt in den Faulbacher Bannwald. Diesen schlagen wir nicht ein, sondern gehen nach links bis zu einer scharfen Rechtskurve steil bergauf. Nach weiteren 500 Metern zweigt links ein Weg zum Räuberfelsen ab, einem Eldorado für Kletterer und Freeclimber. Wir halten uns aber rechts und folgen dem Weg bis zur **Gfällmatte**. Bis dahin bieten sich immer wieder phänomenale Ausblicke über das Dreisamtal und zum Schauinsland. An der Gfällmatte angekommen, lädt eine große Wiese mit schöner Aussicht zur Rast ein.

Anschließend folgen wir dem Weg geradeaus bis zur geteerten Straße am **Wanderparkplatz Gällmatte**. Hier wenden wir uns nach rechts und halten uns an den Wegweiser Richtung »Erlenbacher Hütte 3 km/Luchsfelsen 1,2 km«.

Sicht auf den Schauinsland vom oberen Bannwaldweg

Am Marterl vorbei gehen wir die Straße ca. 50 Meter weiter, bis rechts der Georg-Mayer-Weg (gelbe Raute) abbiegt. Diesem folgen wir nochmals ca. 50 Meter, bis wir auf der rechten Seite einen Baum mit Markierung (gelbe Raute) erreichen. Gegenüber gibt es seit vielen Jahren einen riesigen Ameisenhaufen. Hier macht der Weg eine Linksbiegung und geht dann eben geradeaus weiter. Genau hier biegt rechts, ziemlich versteckt, ein kleiner Pfad ab. Er ist zwar zugewachsen, aber dennoch erkennbar. Diesem schmalen Pfad folgen wir so lange, bis er in einen neu angelegten, breiten Waldweg mündet, dem wir bis zur nächsten Linkskurve folgen, wo ein massiver Hochstand steht und der Weg in einen weiteren von oben kommenden Waldweg mündet. An dieser Stelle biegen wir scharf rechts gleich in den

Nach dem Hochstand geht es rechts in den Faulbacher Bannwald.

Vor dieser Felsformation geht es rechts steil nach unten.

Der Weg durch den Faulbacher Bannwald ist nur noch schwer erkennbar.

Denkmal von Schnewlin, dem Erbauer der wilden Schneeburg

ersten angedeuteten Weg nach dem Hochstand in den **Faulbacher Bannwald** ab. Ab jetzt müssen wir sehr achtsam sein, damit wir die Orientierung nicht verlieren. Wegweiser sind Fehlanzeige.

Der Weg durch den Faulbacher Bannwald ist kaum mehr zu erkennen und erfordert absolute Trittsicherheit. Streckenweise besteht Absturzgefahr. Wer sich auf das Abenteuer einlässt, hat die Chance, einige der seltenen Schauinsland-Gämsen zu sehen.

Zunächst gehen wir geradeaus bzw. leicht nach unten, bis sich in einer kleinen Senke eine pyramidenförmige **Felsformation** auftürmt. Dort gehen wir vor dem Felsen nach rechts ein kurzes Stück steil nach unten. Wenn man genau hinsieht, kann man schemenhaft in der Mitte der Senke den alten Weg erkennen. Wir steigen vorsichtig zwischen den Felsen ab und folgen dem zugewachsenen Weg ziemlich auf einer Höhe geradeaus, solange bis er wieder auf den Bach an der Weggabelung trifft, an der wir uns beim Aufstieg links gehalten haben.

An der Weggabelung halten wir uns links nach unten und laufen über die wilde Schneeburg den Weg, den wir gekommen waren, zum Wanderparkplatz zurück. Nicht einfach, sondern im Gegenteil eher erschöpfend, aber, das Abenteuer und die guten Blicke sind es wert!

ESCHBACH – STEURENTAL – HINTER-BAUERNHOF

12

	6,5 km
	mittel
	220 Hm
	—
	25 Min.
	—

Auf dem Wichtelweg zu traumhaften Ausblicken...

 Aussichtsreiche Talumrundung mit Bauernhofkino.
 Satte Wiesen zum Chillen.

Ausgangspunkt: Landhotel Reckenberg/Stegen-Eschbach

Anfahrt von Freiburg

B31 Richtung Donaueschingen, Ausfahrt St. Peter/Stegen, links auf die L126, im ersten Kreisverkehr auf die Höllentalstraße, im zweiten Kreisverkehr in die Stegener Straße, im dritten Kreisverkehr auf die Hauptstraße abbiegen, die auf der Untertal nach Eschbach führt, dort links in die Steurentalstraße und nach ca. 300 Metern vor der Abzweigung Reckenbergstraße parken.

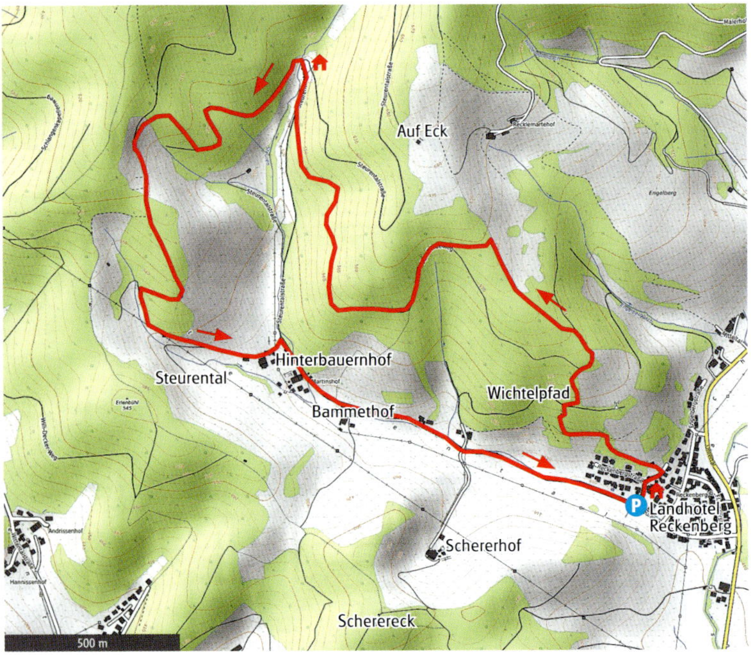

Start am Hotel Reckenberg

Von der Steurentalstraße gehen wir in die Reckenbergstraße und am Landhotel Reckenberg vorbei. Wir halten uns rechts und folgen der gelben Raute in eine schmale Teerstraße, die in einer Kurve steil nach links oben in einen Feldweg und dann durch den Wald führt. Wir laufen auf diesem Weg bis zu einer Weggabelung, wo wir in einen kleinen schmalen Weg abbiegen, der oberhalb einer Wiese links am Wald entlang verläuft. Diesem folgen wir, bis wir auf eine weitere Abzweigung stoßen, an der wir den Wichtelpfad nach rechts einschlagen. Dieser schlängelt sich steil in Serpentinen den Hang hoch, bis er in einen breiten Waldweg mündet, dem wir schräg rechts nach oben folgen, immer der gelben Raute und dem Hinweis »Wichtelwegle« nach. Dieser endet direkt an einer breiten Waldstraße.

Auf der rechten Seite ist eine perfekte **Chill-Wiese** mit Blick auf den Feldberg. Nach einer ausgiebigen Pause laufen wir die Waldstraße rechts aufwärts, entlang einer langgezogenen Linkskurve weiter, bis wir an eine Weggabelung kommen.

Dort folgen wir dem linken Weg mit der gelben Raute. Bald schon wird auf der rechten Seite ein kleiner Ausblick über eine große Wiese und das Eschbachtal frei. Wir treffen hier auf eine breite, links in einer Kurve leicht nach unten führende Waldstraße an einem Holzlagerplatz. Wir folgen dieser Straße einige Meter nach unten, bis diese – wieder eben – eine langgezogene Rechtskurve macht, bei der sie immer wieder schöne Ausblicke auf den Feldberg freigibt.

Vor dem letzten Haus die Abzweigung nach links auf den Feldweg nehmen

Blick übers Steurental zum Schererhof und -eck

Nach dem Wichtelpfad: Chill-Wiese mit Feldbergblick

Das Unteribental lässt grüßen.

Hinteres Steurental mit phänomenaler Aussicht Richtung Schauinsland

Diese breite Straße mündet in das **Quelltal** der Steuren, den Namensgebern des Tals. Hier biegen wir rechts in die leicht aufwärts führende Straße. Zur Rechten befindet sich ein Haus. Wir gehen daran links vorbei und halten uns an die breite Waldstraße, die eine Linkskurve um die Quelle macht. Nach ca. einem Kilometer erreichen wir einen Abzweig: In der Mitte einer Rechtskurve geht hier ein Waldweg steil aufwärts, der in einen querenden Waldweg mündet, dem wir nach links folgen. In einer Linkskurve eröffnet sich eine große Weide mit Quelle und ein phänomenaler Blick über das Steurental und den Feldberg. Wir folgen der Waldstraße in einem Rechtsschwenk weiter in den Wald, bis sie auf eine traumhafte Wiese mit schönem Ausblick trifft. Hier wenden wir uns nach rechts und folgen der Waldstraße ziemlich gerade nach unten, bis sie wiederum auf eine Querstraße führt.

Auf dem Weg nach unten bietet sich nochmal ein traumhafter Blick übers Steurental bis hin zum Feldberg.

Wir wenden uns nach links und gehen nach unten **Richtung Hinterbauernhof**. Davon abgesehen, dass eine gewisse Vorsicht geboten ist, da häufig Jungtiere den Weg kreuzen, können wir uns an den Pferden, Schafen und Kühen auf der Gemeinschaftsweide des Hinterbauernhofes erfreuen. Von hier aus geht es das Steurental entlang der geteerten Talstraße über den **Bammethof** bis zum Landhotel Reckenberg zurück.

Weg nach unten, dann geht es links zum Hinterbauernhof.

Der Hinterbauernhof – der älteste Hof im Steurental

Weg zurück durchs Hintertal

RUND UM FREIBURG UND DEN SCHAUINSLAND

STEGEN – SCHERERECK – BANKENHOF

 5,5 km

 mittel

 150 Hm

  ✓

 25 Min.

 30 Min.

Auf Schlangenwegen in die Einsamkeit …

⇨ Leichte Wanderung mit schönen Ausblicken auf das Dreisamtal, Schauinsland und Steurental.

⇨ Obwohl sehr nahe am Stadtzentrum, ist die Strecke wenig frequentiert.

Ausgangspunkt: Wanderparkplatz Stegen-Wittental

Anfahrt ab Freiburg

B31 Richtung Donaueschingen, Ausfahrt St. Peter/Stegen, in Stegen Kirchzartener Straße am Rathaus vorbei, im Kreisverkehr Ausfahrt Richtung Freiburg, erste Abfahrt rechts, nach dem Brückchen links zum Wanderparkplatz Stegen-Wittental.

ÖPNV ab Freiburg

Ab Hbf. S1 oder S10 bis Kirchzarten, umsteigen in die Buslinie 7216, Ausstieg in Stegen Kolleg St. Sebastian, gegenüber vom Kolleg geht es zur Brücke am Eschbach.

Einkehr

Baldenwegerhof
Wittentalstraße 1, 79252 Stegen
Tel. 07661 903571
www.baldenwegerhof.de
Solide Vespermöglichkeit mit hofeigenen Produkten. Großer Spielplatz.

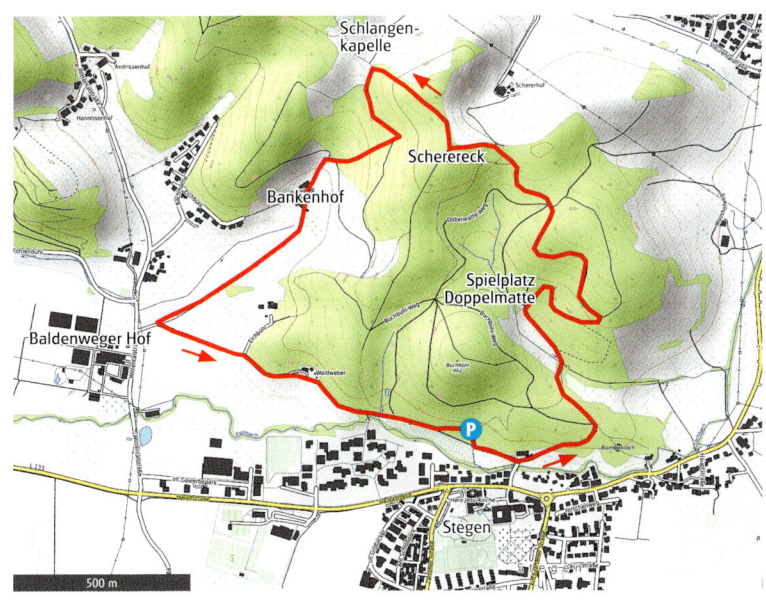

Spielplatz mit Grillhütte, danach geht es nach oben.

Blick in das Steurental kurz vor dem Scherereck

Am inzwischen etwas zugewachsenen Scherereck: Feldbergblick

Vom Wanderparkplatz Wittental in Stegen laufen wir den Weg bis zur Brücke. Dort folgen wir dem Wegweiser Richtung **»Dobelmatte 0,8 km/Schlangenkapelle 4 km«.**

Der breite Waldweg steigt leicht an. Am **Imkerhaus** vorbei geht es bis zur nächsten Weggabelung. Links zweigt der Weg Richtung Buchenbühlweg ab, wir halten uns aber rechts an den Hauptweg. Hier eröffnet sich bald der Blick auf eine Wiese, an deren Ende sich ein großer Spielplatz befindet. Auf dem Weg dorthin biegen wir links Richtung »Schlangenkapelle 3 km/Wittental 5,5 km« ab und halten uns an die gelbe Raute. Nach einigen leicht ansteigenden Kurven und einem längeren, fast ebenen Stück kommen wir an eine Kreuzung mit einer Bank auf der rechten Seite, dem **Geisterplatz**. Den breiten Hauptweg lassen wir links und rechts liegen und folgen schräg links der gelben Raute den schmalen Pfad den Berg hoch Richtung »Schlangenkapelle/Scherereck«. Nach kurzer Zeit erreichen wir rechts eine große Wiese mit Blick in das Steurental, eine Einladung zum Chillen und Vespern.

Wieder zurück auf dem Weg geht es die letzten Meter steil bergauf bis zum Scherereck. Währenddessen genießen wir traumhafte Blicke nach links auf das Feldbergmassiv und den Hinterwaldkopf.

Oben am **Scherereck** angekommen, haben wir ein letztes Mal eine schöne Aussicht über das Steurental bis nach Eschbach. Direkt auf dem Scherereck an einer Weggabelung halten wir uns rechts an den schmalen Pfad und die gelbe Raute. Der Weg

führt ca. 500 Meter am Grat zwischen Dreisamtal und Steurental entlang mit teilweise herrlichen Rundumsichten. Dem Weg folgen wir, bis er schließlich auf eine wunderschöne, artenreiche Bergwiese trifft. Rechts geht es Richtung Schlangenkapelle, links auf breitem Waldweg den Berg steil hinunter. An dieser Wiese gibt es ungewöhnlich viele Blindschleichen, denen wahrscheinlich die Kapelle ein Stück weiter oben ihren Namen verdankt. Wir gehen links den steilen Weg hinunter, immer auf dem unverkennbaren Hauptweg. Hier ist es absolut einsam, und es kann durchaus sein, dass ein Wildschwein den Weg kreuzt. Wir erreichen einen Querweg, der links zum Bankenhof führt. Jetzt sind wir froh, dass wir diesen Weg nicht auf-, sondern abgestiegen sind. Hier muss man aufpassen, da beim Passieren der Weide, wenn wir der Straße Richtung Bankenhof folgen, eventuell eine Kuhherde mit stattlichem Stier überwunden werden muss. Das sind aber nur ca. 100 Meter.

Nach einem letzten Blick über das Dreisamtal geht es dann links am **Bankenhof** vorbei, bis wir erneut an eine Kreuzung kommen. Geradeaus liegt in Sichtweite der bekannte Baldenwegerhof. Wir wenden uns nach links Richtung »Eichbühl 5 km« und gehen einfach den geteerten Radweg nach Stegen zurück. Ab hier ist es mit der Einsamkeit vorbei, die traumhaften Ausblicke halten jedoch weiter an. Auf der Höhe der Schrebergärten gehen wir links auf einen Pfad in den Wald und sind fünf Minuten später wieder am Wanderparkplatz, unserem Ausgangspunkt.

Rechts geht es zur Schlangenkapelle, wir gehen links den steilen Weg nach unten.

Der Weg zum Bankenhof ist breit, dennoch ist aufgrund des Gefälles Trittsicherheit gefragt.

Blick vom Bankenhof Richtung Baldenweger Hof und Schauinsland

14

MUGGENBRUNN – KÖPFLE – WIEDENER ECK

 15 km

 mittel

 350 Hm

  ✓

 30 Min.

 50 Min.

Zu Fuß im Schwarzwälder Skigebiet …

 Atemberaubende Sicht zum Feldberg, über den Belchen, ins Wiesental bis zum Oberrhein.

 Bei etwas Glück: Beobachtung von wildlebenden Adlern.

Ausgangspunkt: Winkellift Muggenbrunn/Todtnau

Anfahrt ab Freiburg

B31 Richtung Donaueschingen, Ausfahrt Oberried/Todtnau, nach dem Wasenlift kurz nach dem Nordic-Center Notschrei die erste Ausfahrt rechts über die Brücke Richtung Winkellift/Campingstüble nehmen, weiter bis zum Wanderparkplatz Winkellift.

ÖPNV ab Freiburg

Ab Hbf. S10 oder S1 bis Kirchzarten, umsteigen in den Bus 7215 Richtung Todtnau, Ausstieg in Muggenbrunn/Säge – gleich nach dem Notschrei. Von der Haltestelle aus rechts über die Brücke Richtung Campingstüble bis zum Winkellift laufen, ca. 20 Min. Gehzeit.

Einkehr

Hotel Wiedener Eck
Oberwieden 15, 79695 Wieden
Tel. 07673 9090
www.wiedener-eck.de
Gemütliche Gaststätte, gehobenes Preisniveau.

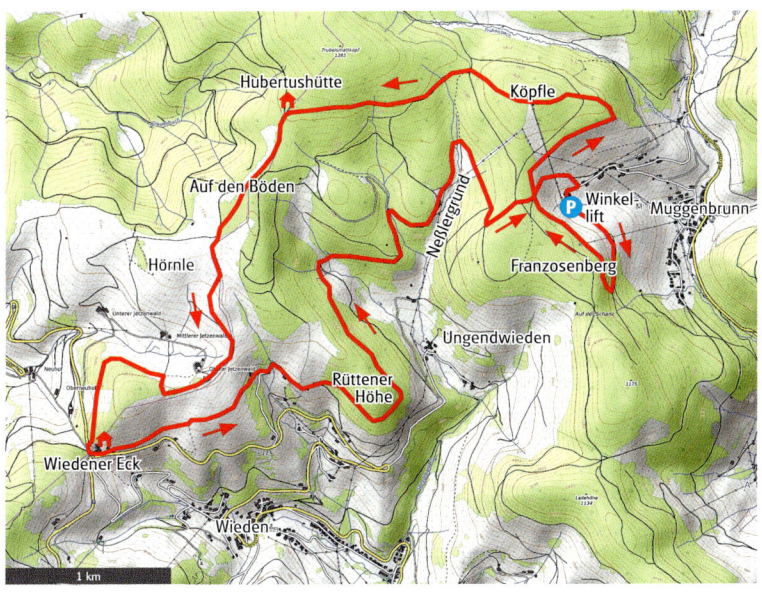

Blick zum Hasenhorn und in die Schweizer Alpen

Pfadeinstieg zum Köpfle-Rundweg

Schattenbank am Franzosenberg mit Blick auf Muggenbrunn

Köpfle-Rundweg: permanentes Feldberg- und Alpenpanorama

Bereits am Startpunkt können wir das Bergpanorama rund um Todtnau und Todtnauberg bewundern. Eigentlich will man gar nicht losgehen, allerdings treibt uns die Vorstellung, dass vor uns eine der schönsten Aussichtswanderungen des Schwarzwaldes liegt. Wir geben uns einen Ruck und laufen links am Winkellift vorbei, immer das Hasenhorn bei Todtnau mit seiner Coaster Rodelbahn im Blick. Solange bis wir die Piste des **Franzosenbergs** überqueren, steht am linken Wegrand eine Aussichtsbank nach der anderen: In Muggenbrunn weiß man, wo es schön ist.

Weiter geht es auf dem Weg in den Wald hinein. Nach ca. 100 Meter biegen wir scharf rechts auf einen kleinen Pfad mit der Markierung »Zum Köpfle Rundweg« ab. Auf dem schmalen Steig laufen wir steil bergauf, bis wir eine wunderschöne Aussichtsbank erreichen. Einem Fenster gleich, öffnet sich der freie Blick auf die Skipisten Franzosenberg und **Köpfle**, unserem ersten Etappenziel. Bei dem Bergpanorama verwundert es nicht, dass dies die Wiege des Wintersports im Schwarzwald ist. Schon 1906 fand am Franzosenberg das erste überregionale Skirennen statt. Bis heute ist der Muggenbrunner Hausberg Austragungsort regionaler und nationaler Snowboard- und Skirennen.

Ausgeruht folgen wir dem schmalen Weg direkt am Waldrand, am oberen Lifthäuschen des Franzosenbergs vorbei, bis wir einen breiten Weg (nach rechts Richtung Muggenbrunn) kreuzen. Diesen überqueren wir und halten uns an den blauen Pfeil und die Markierung **»Mein Muggenbrunn«**. An dieser Stelle steht eine schattige Bank, von der aus wir die Fernsicht auf die umliegenden Berge genießen. Bei gutem Wetter kann man hier bis zu den Alpen blicken.

Weiter geht es in einer großen Rechtskurve immer am Waldrand über die **Köpfle Piste** an beeindruckenden Weidebuchen und zahlreichen Bänken vorbei, bis wir an eine Raststelle mit Teleskop kommen. Durch das Fernrohr lassen sich die Berge mit ihren Bezeichnungen nah und deutlich sehen.

Am Köpfle-Gipfel: perfekte Alpensicht – jetzt weiß man, warum das Köpfle auch zum Snowboarden so beliebt ist.

Eine liebevoll gestaltete Tafel informiert uns unterwegs darüber, dass die Ursprünge der Weidewirtschaft in Muggenbrunn bis ins 16. Jahrhundert zurückgehen. Durch den intensiven Erz- und Silberabbau wurden große Holzmengen benötigt. Die dafür gerodeten großen Flächen wurden mit der Besiedelung von der Weidewirtschaft in Beschlag genommen und bis heute freigehalten.

Nach einer ausführlichen Pause folgen wir dem breiten Weg links am Trafohäuschen vorbei und weiter im rechten Winkel links bergauf. Nach ca. 100 Metern biegt der Köpfle Rundweg rechts ab. Wir gehen aber geradeaus und erreichen zehn Minuten später das **Köpfle**. Hier endet auch der Winkellift.

Zwei für Riesen gebaute Bänke laden zum Verweilen ein, bevor wir, genau dahinter, den fast vergessenen, zum Teil zugewachsenen Waldweg vom Köpfle hinabsteigen. Das ist auch tatsächlich die kürzeste Strecke und nur noch in alten Karten verzeichnet, warum auch immer. Der Weg mündet in eine Kreuzung, an der wir uns geradeaus an den Fernskiwanderweg Schonach–Belchen und den Wegweiser »Auf den Böden 1,2 km/Wiedener Eck 4,5 km« halten.

Auf dem Weg zum Köpfle-Gipfel: Teleskop mit Bergbeschriftung zur Orientierung

Hubertushütte: gemütliche Pausenstation mit Grillstelle

Wir sehen leicht geneigte Hänge, saftige Wiesen: Wir sind auf den Böden. Blick von den Böden aufs Hörnle und Belchen

Vom Westweg links: perfekter Blick ins Wiesental und in die Schweizer Alpen

Die riesigen Weidebuchen eignen sich perfekt für eine Rast – und das mit Belchen Blick.

Von hier aus geht es ca. einen Kilometer unspektakulär flach durch den Wald, bis wir auf die **Hubertushütte** mit Grillstelle treffen. Wir orientieren uns am Wegweiser nach »Wieden 5,0 km/Wiedener Eck 3,5 km«. Es folgt ein Wegabschnitt, bei dem ein Highlight das andere ablöst: Wir gehen »Auf den Böden« eben am Grat zwischen Münstertal und Wiesental entlang, wobei sich zur Rechten permanent neue Blickwinkel über saftig grüne Bergweiden bis hin zum Belchen ergeben. Nach ca. 500 Metern gelangen wir an einen Zaun, an dem zwei rote Platten und ein Schild »Betreten verboten« angebracht sind. Hier beginnt der Weg zum Hörnle und führt hinab zum Mittleren Itzenwaldhof und auf den Skiwanderweg (roter Pfeil) Richtung »Wiedener Eck«.

Aber: Der Weg ist versperrt! Die Wegstrecke ist nur in Ausnahmefällen und nur mit ausdrücklicher Erlaubnis der Hofbesitzer des Oberen und Mittleren Itzenwaldhofes begehbar. Sie ist nicht für den Wanderverkehr zugelassen. Zudem sind die Weiden die meiste Zeit im Jahr von Mutterkuhherden bevölkert, was den Ausflug zum Hörnle zu einem lebensgefährlichen Unterfangen machen kann. Dennoch ist das Hörnle (1187 m) eine Erwähnung wert: Der unscheinbare Weideberg bietet nicht nur eine phänomenale Aussicht ins Münster- und Wiesental, sondern kann auch historische Wurzeln aufweisen.

Vom Alpenblick übers Wiesental können wir gar nicht genug bekommen.

Das Hörnle fungierte bereits im frühen 18. Jahrhundert als optimaler Aussichts- und Kontrollpunkt. Hier war die vordere Verteidigungslinie der 3-Pass-Sicherung Neuenweg/Böllen – Wiedener Eck/ Hörnle – Notschrei/Muggenbrunn.

Da wir ja den Weg übers Hörnle nicht nehmen können, folgen wir dem Westweg »Auf den Böden« links am Zaun vorbei, gehen zwischen wunderschönen Weidebuchen in U-Form um den **Oberen Itzenwaldhof** herum, und weiter eben auf der ehemaligen Schanzenanlage. Währenddessen kann man sich am Belchen und Wiesental gar nicht sattsehen, sogar den Oberrhein und die Alpen hat man vor Augen.

Mittlerer Itzenwaldhof vor dem Hörnle: Wenn man Glück hat, kann man hier Adler sehen.

Schließlich, am Ende unserer Hof-Umrundung, kommen wir durch einen kleinen Waldabschnitt, in dem der Weg einen Knick scharf nach rechts macht. Nach 20 Metern steht eine Bank mit freiem Blick auf den Mittleren Itzenwaldhof und das bereits beschriebene Hörnle. Diese Sitzbank ist etwas ganz Besonderes: Wenn man Glück hat, kann man von hier aus die einzigen wildlebenden Adler des Schwarzwaldes zwischen dem Oberen Itzenwaldhof und Hörnle kreisen sehen. Überwältigt vom Anblick der riesigen Vögel gehen wir den Weg nach der

Kurz vor dem Wiedener Eck haben wir einen schönen Blick ins Münstertal.

Hotel am Wiedener Eck

Nach der Hotelumrundung geht es nach ca. 50 m den Schotterweg nach oben.

Luftdusche auf der Rüttener Höhe

Bank links weiter Richtung Wiedener Eck. Nach ca. 900 Metern und schönen Ausblicken Richtung Scharfenstein und Münstertal stoßen wir auf das **Berghotel Wiedener Eck**. Top gelegen, ist das Hotel sicher nicht die Vesperstube mit günstigen Preisen, die der ausgelaugte Wanderer bevorzugt. Wem das egal ist, der kann sich bei gehobener Küche in gediegenem Ambiente verwöhnen lassen.

Normal auf der Rüttener Höhe: Panoramasicht übers Wiesental zu den Alpen

Blick zurück übers Quelltal am Neßlergrund: Jetzt ist es nicht mehr weit.

Am Wegweiser Vorsicht: Wir nehmen den Weg zum Winkeleck, Obere Häuser Muggenbrunn.

Wir umrunden das Haus links und folgen gleich wieder links dem breiten, leicht ansteigenden Weg mit der Markierung »Muggenbrunn/Knöpflesbrunnen«. An diese Markierung halten wir uns die gesamte **Rüttener Höhe** entlang. Wer Lust hat, kann sich hier eine Kneipp-Luftdusche gönnen: Kleider ausziehen, nackt in die Hütte setzen und von Luft umströmen lassen. An der nächsten Station wird Wassertreten oder Entspannung im Armbecken angeboten.

Der Weg mündet am **Rüttener Grund** auf den Fernskiwanderweg, dem wir auf breitem Weg nach oben folgen. Von hier aus laufen wir auf dem Hauptweg mit den Markierungen »Muggenbrunn/Knöpflesbrunnen«, auch wenn der Wegweiser »Rundweg am Hüttenbacher Grund« geradeaus weist. Wir halten uns rechts nach Muggenbrunn und kommen bald an ein Tal mit Wasserhäuschen und Aussichtsbänken. Hier am **Neßler Grund** haben wir zum letzten Mal Sicht auf die Schweizer Alpen.

Bei der Wegkreuzung halten wir uns links (grüner Pfeil) Richtung »Muggenbrunn 2,0 km/Obere Häuser 1,0 km«. An der nächsten Weggabelung folgen wir dem nicht zu übersehenden Schild »Zur Piste«. Nach zehn Metern haben wir freie Sicht über die Winkellift-Piste nach Muggenbrunn, sehen bereits den Parkplatz und denken schon mit Vorfreude an die nächste Tour.

Fast am Ziel: Blick über die Winkellift Piste nach Muggenbrunn

15

BUCHENBACH – FRAUENSTEIG-FELSEN

 6,5 km

 mittel

 300 Hm

 –

 20 Min.

 –

Kleine Tour mit großer Wirkung …

 Einer der schönsten Aussichtsfelsen rund um Freiburg.

 Neugierige Ziegen als Wegbegleiter.

Ausgangspunkt: Wanderparkplatz Pfaffendobel/Buchenbach

Anfahrt ab Freiburg

B31 Richtung Donaueschingen, Ausfahrt St. Märgen/Buchenbach, in Buchenbach am Gasthaus Adler vorbei, rechts abbiegen in die Prägenhofstraße, am Ende der Straße befindet sich der Wanderparkplatz Pfaffendobel.

Wir starten am Wanderparkplatz Pfaffendobel, wo uns neugierige Ziegen meckernd begrüßen, laufen rechts am Spielplatz vorbei die Straße hoch bis zur Kurve. Hier treffen wir auf einen Wegweiser, dem wir rechts Richtung »**Frauensteigfelsen 2,2 km**« folgen. Wir gehen zunächst an properen Mutterkuhherden und am plätschernden Bach vorbei, dann weiter auf einem schmalen Weg ca. 500 Meter bergauf, bis wir auf eine breite, von unten kommende Waldstraße treffen. Dieser folgen wir nach rechts und schlendern auf leicht ansteigendem Weg ge-

Wanderparkplatz Pfaffendobel: unser Ausgangspunkt

Unterwegs schöne Blicke auf Buchenbach bis nach St. Peter

Der Frauensteigfelsen mit phänomenaler Aussicht Richtung Freiburg & Co.

mütlich dahin, immer wieder schöne Ausblicke über Buchenbach und das Dreisamtal genießend. Bis wir an eine Linkskurve kommen. Zur Rechten mündet der Wanderweg aus Buchenbach/Dorf, zur Linken geht ein teils verwachsener Weg steil nach oben (dort steht gegenüber ein Baum mit gelber Raute). Wir lassen uns davon nicht beirren und halten uns weiter an den breiten, fast ebenen Hauptweg, den wir nach dieser Kurve ca. 500 Meter erst gerade und dann erneut eine Linkskurve gehen, bis ein breiter Weg von unten, von Himmelreich, auf unseren Weg von rechts mündet. Genau gegenüber geht ein schmaler, links nach oben führender Pfad von unserem Weg ab (gelbe Raute). Diesem folgen wir zum Teil steil nach oben. Zwischendurch hat der Weg Bannwaldcharakter – Trittsicherheit ist gefragt. Sobald ein Baum mit gelber Raute und darüber der Wegweiser »Bahnhof Himmelreich« auftaucht, wenden wir uns bei der Weggabelung nach links, bis wir ca. 200 Meter später auf einen durch eine Felsbarriere begrenzten und mit Buchen gesäumten Platz stoßen, den Frauensteigfelsen.

Je nach Wetterlage können wir entscheiden, ob wir die schattige Bank ohne Aussicht oder eine der beiden Bänke direkt auf dem **Frauensteigfelsen** nehmen. Die auf dem Felsen platzierten Bänke bieten eine hervorragende Aussicht vom Schauinsland über das Dreisamtal bis nach St. Peter. Der Ort ist so schön, dass eine ausgiebige Pause Pflichtprogramm ist.

Danach nehmen wir den Weg Richtung Frauensteigsattel hinter der Bank und gehen diesen bis zu einem großen Wegweiser. Wir folgen der Markierung Richtung »Pfaffeneck 0,8 km« und gehen den ebenen Weg auf der Höhe mit immer wieder guten Blicken Richtung St. Peter entlang, bis wir auf eine breite Waldstraße treffen. Gegenüber sehen wir die Höfener Hütte und den Häusleberg. Wir biegen nach links ab und erreichen nach ca. 200 Metern die **Pfaffendobel-Hütte**, eine Schutzhütte der Extraklasse mit Ofen und Grillstelle. Gleich nach der Hütte treffen wir auf eine breite Straße, die von oben kommend eine Rechtskurve macht. In der Kurve steht ein Wegweiser und genau gegenüber geht der Pfad Richtung »Buchenbach 2,2 km/Spielplatz Pfaffendobel 1,0 km« ab. Unterhalb der Pfaffendobel-Hütte beginnt jetzt der abenteuerliche Teil der Wanderung. Der schmale Pfad ist zum Teil nur ca. 50 Zentimeter breit und führt durch dichten Mischwald nach unten, bis wir auf eine breite von unten kommende Waldstraße treffen, die wir bereits vom Aufstieg kennen. Wir gehen nach rechts und schwenken nach ca. zehn Metern links in den bereits bekannten Weg Richtung Wanderparkplatz.

Die Pfaffendobel Hütte – auch an kühlen Tagen ein Platz zum Wohlfühlen

Nach der Hütte: schmaler, abenteuerlicher Pfad zurück zum Ausgangspunkt

Aussichtsbank vor der Hütte mit Blick Richtung Kandel

RUND UM DEN KANDEL

16
KOLLNAU – NEUNGESCHWISTERKAPELLE – ALTERSBACH

 6,5 km

 leicht

 200 Hm

 ✓

 20 Min.

 25 Min.

Den Gleitschirmfliegern und Eseln hinterher …

 Verwunschene Neungeschwisterkapelle fasziniert mit einem Altarbild aus dem 17. Jahrhundert.

 Die Gleitschirmflieger vom Kandel verzaubern mit ihren Flugkünsten.

Ausgangspunkt: *Bahnhof Kollnau*

Anfahrt ab Freiburg
B294 Richtung Waldkirch, Ausfahrt Kollnau, rechts nach Kollnau abbiegen, vor der Brücke wieder rechts Richtung Bahnhof abfahren, nach der Linkskurve zwischen Bahnhof und Ladenausstatter Ganter parken.

ÖPNV ab Freiburg
Ab Hbf. mit S2 nach Kollnau Bahnhof.

Einkehr
Waldgasthof Altersbach
Altersbach 1, 79183 Waldkirch
Tel. 07681 7200 oder 3100
www.altersbach.de
Ein absolutes Highlight in Sachen Kuchen. Es gibt nicht nur eine geniale Schwarzwälder Kirschtorte, sondern viele weitere kulinarische Köstlichkeiten. Besonders zu empfehlen: Forelle in allen Variationen.

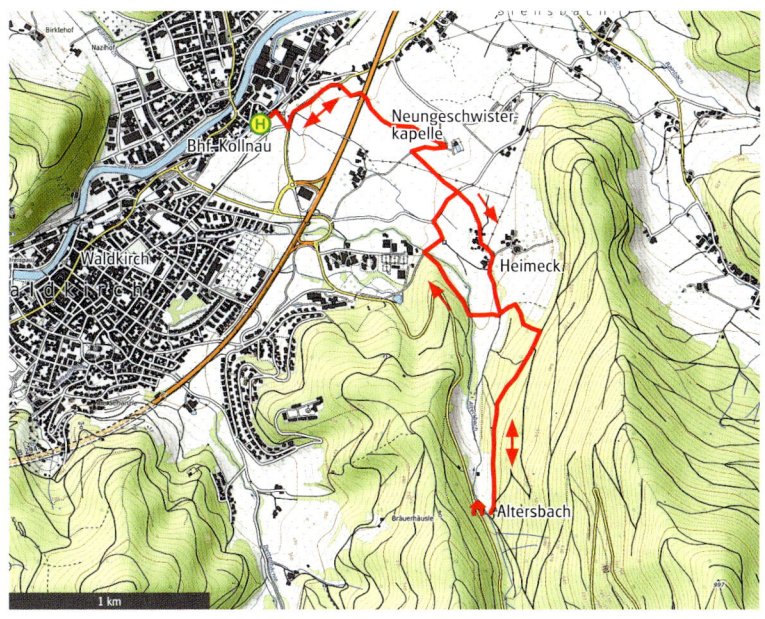

Die romantisch gelegene Neungeschwisterkapelle

Blick zurück über das Quelltal nach Waldkirch

Wir starten bei der kleinen Unterführung, laufen unter den Gleisen durch und danach gleich nach rechts. Auf einem kleinen Pfad geht es den Hang gegenüber dem Bahnhof hoch. Kurz darauf haben wir nach ca. 150 Metern den ersten freien Blick auf eine große Wiese und den Kandel. Auf der kreuzenden Straße biegen wir nach links und bei der darauffolgenden Kreuzung nochmal links Richtung Waldkirch-Siensbach ab. 100 Meter am Gehsteig entlang nehmen wir, am Martel vorbei, die erste Abzweigung Richtung Hundetrainingsplatz, bis wir zum Wegweiser Richtung »Altersbach 3 km/Neungeschwisterkapelle« gelangen. An diesem orientieren wir uns und gehen unter der Brücke der B291 durch auf dem linken schmalen Wanderweg an den Imkerstöcken vorbei bis zur **Neungeschwisterkapelle**. Diese kleine Kapelle aus dem Jahre 1750 ist ein besonderes Kleinod. Sie wurde der Heiligen Notburga geweiht, die der Legende nach mit ihren neun Kindern auf der Flucht in einen

Eichwald bei Siensbach kam, wo sie ihre Kinder taufte. Das Taufwasser entsprang der Quelle, die heute noch in der Kapelle neben dem Altar in einem Becken sprudelt. Dem Wasser werden heilende Kräfte nachgesagt. Auf dem im 17. Jahrhundert entstandenen Altarbild sind die Heiligen Symphorosa, Felicitas und die Makkabäische Mutter dargestellt, jede mit ihren jeweils sieben Söhnen. Ein Besuch lohnt sich in jedem Fall, eine Rast vor der idyllischen Kulisse der Kirche ebenfalls.

Altarbild aus dem 17. Jahrhundert

An der Kapelle vorbei geht es an der nächsten Wegkreuzung die Teerstraße rechts nach oben, bis links ein Weg Richtung »Altersbach 2,4 km/Drachenfliegerplatz 0,6 km/Kandel 7,0 km« über eine große Wiese abzweigt. Den nehmen wir und genießen den wunderschönen Blick Richtung Waldkirch, Kastelburg und Vogesen.

Bei der nächsten Wegkreuzung am Ende der Wiese können wir auf der top gelegenen Bank rasten oder einfach geradeaus laufen Richtung »Altersbach 2,2 km« und den Bauernhöfen oberhalb des Landesplatzes für Gleitschirmflieger, **Heimeck**.

Kurz vor Heimeck: Wiese mit Blick übers untere Elztal Richtung Emmendingen

Blick über Waldkirch bis zur Kastelburg

Zutrauliche Esel säumen den Weg.

Hier am **Ruthof** gibt es »Tierisches« zu sehen: von dicken Schafen und Ziegen bis zu freilaufenden Enten und Hühnern. Am Hof vorbei folgen wir dem Feldweg rechts den Berg hoch und können, wenn wir Glück haben, zutrauliche Esel streicheln. In jedem Fall ein Highlight – nicht nur für Kinder.

Von der Aussichtsbank nach dem ersten kurzen Anstieg gehen wir am Waldrand entlang geradeaus, bis wir halblinks auf einen breiten Weg mit der Markierung »Altersbach (Montag/Donnerstag Ruhetag)« stoßen. Diesem folgen wir ca. 200 Meter entlang einer großen langgezogenen Rechtskurve und dann weiter geradeaus, bis er in einen großen, von links kommenden Waldweg führt. Hier wenden wir uns nach rechts und erreichen zehn Minuten später bereits **Altersbach** – unser Ziel.

Altersbach steht für gutes Essen zum vernünftigen Preis. Von frisch gefangenen Forellen bis zur feinsten Schwarzwälder Kirschtorte mit extra Schuss kann man alles bekommen. Ein rundum gelungenes Geschmackserlebnis für die ganze Familie. Für den Rückweg laufen wir wieder den breiten Weg bis zum Ende der Schafweide und biegen links in den Waldweg, dem wir steil nach unten bis zum Wegweiser nach Altersbach folgen. Wir treten aus dem Wald heraus, rechts sehen wir den Weg, den wir gekommen sind. Wir gehen aber links über den Wiesenweg an der Weide vorbei den Hang hinunter bis zur Brücke. Hier halten wir uns an den Weg am Bachlauf des Altersbachs, der gute Stellen bietet, um sich im Sommer im kühlen Wasser zu erfrischen.

Gasthof Altersbach: immer eine Torte wert!

Wir folgen dem Weg am Bach entlang, bis rechts eine Straße Richtung »Heimeck 0,2 km« abzweigt. An diese halten wir uns und kommen nach fünf Minuten zum Gleitschirmfliegerplatz **Heimeck**. An schönen Tagen kann man hier Stunden verbringen, um den Gleitschirmfliegern beim Landen und ihren Kunststücken in der Luft zuzusehen. Wenn wir genug haben, wenden wir uns nach links, um dann in einer Rechtskurve Heimeck zu umrunden. Wir gehen die Straße direkt nach oben und folgen dem Wegweiser Richtung »Kollnau 2,4 km/Neungeschwisterkapelle 0,8 km« nach links über die bereits bekannte große Wiese mit der tollen Aussicht nach Waldkirch. Von hier an folgen wir demselben Weg, den wir gekommen waren, zurück über die Neungeschwisterkapelle zum Bahnhof Kollnau.

Im Sommer eine willkommene Erfrischung: sauberes Quellwasser vom Kandel

OBERSEXAU – KANDELHÖHENWEG – KURISECK SPICK

  5 km

 leicht

 140 Hm

  ✓

  30 Min.

 —

Genusstour für Augen und Gaumen …

 Der leichte, chillige Weg führt teilweise entlang des Kandelhöhenwegs.

 Herrliche Weitsichten auf das Kandelmassiv.

 Kulinarische Sternstunde im Berggasthof Linde.

Ausgangspunkt: Wanderparkplatz Lindenbühl, 50 Meter oberhalb des Berggasthofs Linde/Sexau

Anfahrt ab Freiburg

B294 Richtung Waldkirch, Ausfahrt Kollnau, links nach Kollnau abbiegen, nach der Kirche im Kreisverkehr die nächste Abzweigung Richtung Kohlenbach/Friedhof nehmen, am Friedhof vorbeifahren, links in eine kleine Straße Richtung Obersexau abbiegen, der Straße bis zum kleinen Wanderparkplatz Lindenbühl folgen.

Einkehr

Berggasthof Linde
Obersexau 24, 79350 Sexau
Tel. 076 45 337
www.berggasthof-linde.de
Beliebtes, familienfreundliches Ausflugsziel, eine Reservierung ist ratsam. Sehr gute regionale Küche, feine Kuchen und günstige Preise.

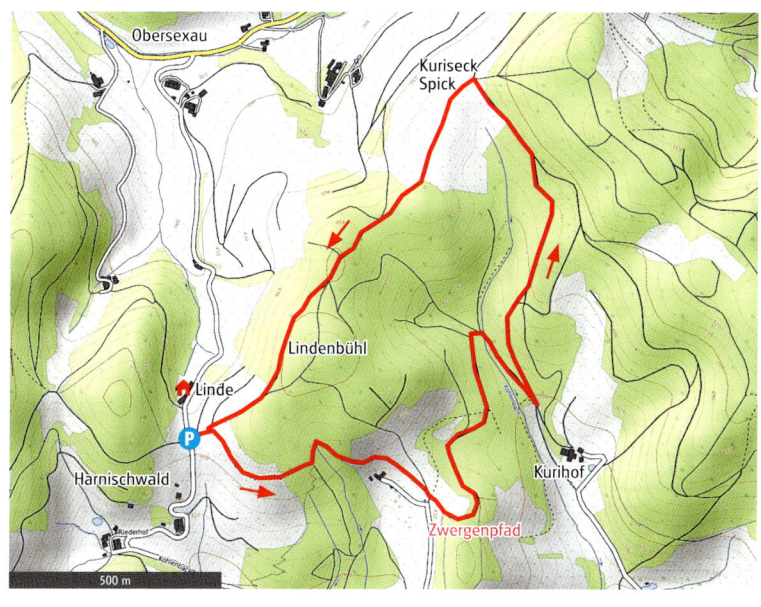

Blick auf die Simonswälder Berge

Direkt vor dem Wald rechts: der Zwergenpfad beginnt!

Wir starten am kleinen Wanderparkplatz am Lindenbühl. Gleich oberhalb des Parkplatzes steht eine Sitzbank, von der aus man das gesamte Kandelmassiv-Panorama bequem bewundern kann. Eigentlich könnten wir einfach hierbleiben und stundenlang die Aussicht in uns aufsaugen.

Denjenigen, die sich dennoch losreißen können, sei gesagt: Es wird noch besser. Also, auf geht's! Wir folgen von der Bank aus der gelben Raute und dem Wegweiser »Hermann-August-Weg«. Den schmalen Pfad entlang gehen wir mit Blick auf den Kandel, vorbei an zahlreichen Pausen-Bänken zum Genießen, bis wir nach einer langgezogenen Linkskurve den Wald erreichen. Nach ca. 50 Metern halten wir uns beim Wegweiser links Richtung »Am Morgenmattenweg 1,6 km/Kohlenbach/Kurihof 1,8 km«. Sobald wir aus dem Wald treten, überwältigt uns der nächste phänomenale Blick auf den Kandel.

Auf breitem Feldweg geht es zwischen einem Bauernhof zur Rechten und einer Weide zur Linken auf eine Wegkreuzung zu. Wir gehen auf dem breiten Weg bis zum Waldanfang geradeaus: Genau hier zweigen wir nach rechts ab, gehen am Waldrand entlang und schwenken nach 20 Metern, der gelben Raute folgend, in einen schwer erkennbaren Pfad nach links ein. Dieser lohnt sich in jedem Fall und hat einen Hauch von Abenteuer. Fast einem Dschungelpfad gleich – aber dennoch gut begehbar – ist er links und rechts von hohen, wuchernden Büschen und Dornen gerahmt.

Nach ca. zehn Minuten werden wir erneut durch eine perfekt platzierte Ruhebank oberhalb einer Weide mit Aussicht auf den Kandel und die Simonswälder Berge belohnt.

Wir gehen den **Zwergenpfad** weiter, auf dem uns tatsächlich einige Zipfelmützen und sogar das Schneewittchen begegnen, bis wir auf eine breite, von oben kommende Waldstraße treffen. Dieser folgen wir um eine langgezogenen Rechtskurve nach unten, bis wir nach ca. 500 Metern einen **Geräteschuppen** auf der linken Seite erreichen.

Hier biegen wir im spitzen Winkel nach links in den nach oben führenden Weg ab, der gelben Raute Richtung »Kuriseck Spick 0,8 km« folgend. Jetzt geht es zum einzigen Mal bei der Wanderung steil bergauf. Kurz vor Erreichen der Querstraße auf der Höhe steht rechts eine Bank, auf der wir rasten können. Erholt geht es dann auf der Querstraße links weiter, bis sich nach einer Rechtskurve der freie Blick auf den **Kuriseck Spick** ergibt. Da wollen wir hin.

Zwergenpfad: schmaler Weg, lustige Begleiter

Schneewittchen lässt grüßen!

Direkt vor dem Geräteschuppen geht es den Weg links steil nach oben.

Chill-Bank am Zwergenpfad mit Blick Richtung oberes Elztal

Am Kuriseck Spick: Mystischer Rundumblick – vom Kandel bis in die Ortenau

Kurz vor Schluss: Der Berggasthof Linde taucht auf. Ein feines Steak vom lokalen Rind sorgt für den richtigen Abschluss!

An der Wegkreuzung auf der Höhe halten wir uns nach links an den Kandelhöhenweg (rote Raute) und folgen dem Wegweiser Richtung »Lindenbühl 1,2 km/Kandelblick 2,2 km«. 50 Meter weiter, auf dem Grashügel mit vereinzelten Obstbäumen, weiß man, warum den **Kuriseck Spick** etwas Mystisches umgibt. Hier hat man einen traumhaften Rundumblick: auf der einen Seite das Kandelmassiv in voller Schönheit, auf der anderen Seite Freiamt und die Vogesen.

Nach ausführlichem Umsehen und Ausruhen gehen wir auf dem breiten Wald- und Wiesenweg weiter den **Kandelhöhenweg** Richtung Kandelblick und Linde, bis wir nach ca. 30 Minuten wieder am Auto ankommen.

Wer jetzt richtig Hunger bekommen hat, sollte sich den Abstecher (50 Meter vom Parkplatz nach unten) zum Berggasthof Linde gönnen. Hier gibt es freundlichen Service und eine hervorragende Küche zum anständigen Preis – vom lokalen Rindersteak bis zu köstlichen Kuchen.

GLOTTERTAL – SCHLOSSBÜHL – SCHLOSSDOBEL

18

Entspannte Familientour von Bank zu Bank ...

⇨ *Die Tour verläuft auf gut befestigten Wegen, zum Teil asphaltiert, und ist für den Kinderwagen geeignet.*

⇨ *Kurze Etappen zwischen zahlreichen Sitz- und Liegebänken.*

Ausgangspunkt: Wander- und Friedhofsparkplatz/Glottertal

 5 km

 leicht

 160 Hm

 ✓

 20 Min

 40 Min.

Anfahrt ab Freiburg

B294 Richtung Waldkirch, Ausfahrt St. Peter/Glottertal, auf die L112 abbiegen, in Glottertal zwischen Kirche und historischem Gasthaus Engel links abbiegen, die schmale Straße führt bis zum Parkplatz am Friedhof.

ÖPNV ab Freiburg

Ab Hbf. mit S2 bis Denzlingen, umsteigen in die Buslinie 205 nach Glottertal, Ausstieg Haltestelle Engel.

Einkehr

Wirtshaus Zur Sonne
Talstraße 103, 79286 Glottertal
Tel. 07684 242
www.sonne-glottertal.de
Feines Essen, sehr freundliches Personal, eher hochpreisig.

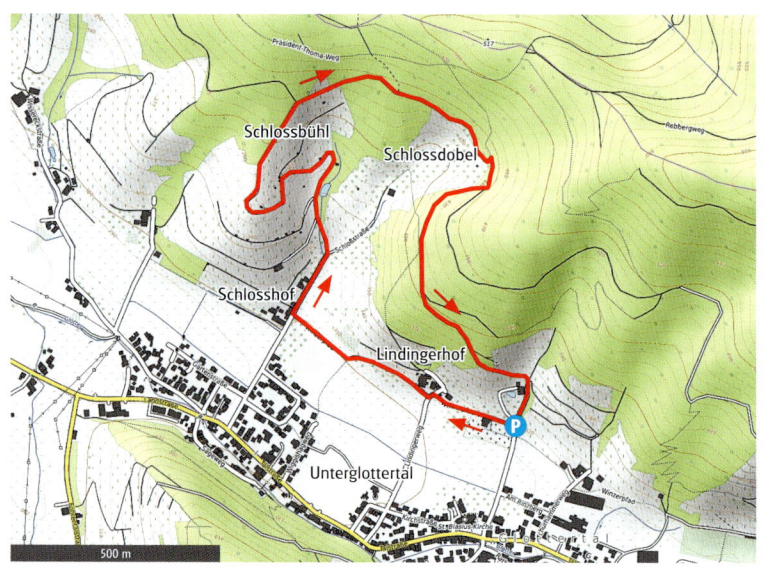

Wir gehen entlang der Friedhofsmauer zwischen Obstbäumen und Weiden mit traumhaftem Blick übers Glottertal Richtung **Schlosshof**.

Der Schlosshof geht auf das alte Rittergut Winterbach zurück, dessen erste Erwähnungen bis ins 13. Jahrhundert zurückgehen. An der Stelle des heutigen Schlosshofes stand vom Mittelalter bis ins 19. Jahrhundert ein Wasserschloss mit Türmen, Mauern und Zinnen, das letztlich zur Namensgebung des Schlossdobels beitrug. Trotz Sonderstellung im Glottertal über viele Jahrhunderte ist heute jede Spur des ehemaligen Herrensitzes verschwunden. An seiner Stelle steht heute ein Wohnhaus, der heutige Schlosshof.

Gemütlicher Anfang: der Schlosshofweg

Vom Schlosshof geht es ein schmales, geteertes Sträßchen mit ordentlich Steigung rechts den Weinberg aufwärts. Der Wegweiser Richtung »Schlosswaldeck 1,8 km/Luser 3,0 km/Kandel 8,5 km« hilft zur Orientierung. Nach 50 Metern teilt sich die Straße bei einer Sitzbank. Wir nehmen die linke Abzweigung und folgen der gelben Raute der Straße steil gerade nach oben, bis diese in einer 90 Grad Kurve nach links mitten in die Weinberge führt. Auf dem Weg dahin finden wir ein Schild zum Schmunzeln: »Achtung Wildschweine! Hunde bitte anleinen«. Das hätte man hier nicht erwartet.

Wildscheinwarnung, auch wenn man das hier für absurd halten kann.

Direkt nach der Kurve treffen wir auf das Häuschen »Dagos Harmonikaschule«, vor dem eine Bank steht, die sich perfekt für die erste Vesperpause mit genialem Ausblick über die Weinberge anbietet.

Wir halten uns weiter immer auf der schmalen Teerstraße, die sich in Kurven den Weinberg hinaufschlängelt, bis zum ersten offiziellen in der Karte verzeichneten Aussichtspunkt **»Am Schlossbühl«**. Sobald wir die Höhe erreicht haben, kommen wir an ein steinernes Kreuz, von hier aus schauen wir über das gesamte Glottertal und hinüber ins Föhrental.

Beste Sicht übers obere Glottertal bis St. Peter

Traumhafter Blick am Schlossbühl über den Oberrhein bis zu den Vogesen

50 Meter weiter in einer steilen Rechtskurve kommen wir schon an die nächste gut platzierte Bank mit Sicht über die Rheinebene bis zu den Vogesen.

Wir gehen auf dem Weg, der inzwischen von der Teerstraße in einen Feldweg übergegangen ist, steil den Berg aufwärts, kommen erneut an zwei Aussichtsbänken vorbei, bis wir auf einen breiteren, quer verlaufenden Weg und die Markierung Richtung »Luser 2,0 km/Kandel 7,0 km« stoßen. Hier wenden wir uns nach rechts und genießen noch ca. 100 Meter die Aussicht übers Glottertal, bevor wir den Wald und die höchste Stelle erreichen. Von hier aus geht es zunächst eben und dann nur noch abwärts weiter. Kurz hinter dem Waldanfang zweigt links ein Weg Richtung »Schlosswaldeck 0,5 km/Luser 2,0 km/Kandel 7,0 km« ab. Wir halten uns aber auf der breiten Waldstraße Richtung **Schlossdobel** (0,4 km), einem weiteren phänomenalen Aussichtspunkt mit Sonnenbank und Blick auf das gegenüberliegende Föhrental.

Oben am Schlossdobel

Nach einer erneuten Rast, während der man den großen Milanen im Glottertal zusehen kann, geht es auf der breiten Straße weiter, immer der gelben Raute nach. Nach ca. 50 Metern erreichen wir eine Weggabelung, an der wir uns an dem Wegweiser Richtung **»Friedhof 0,8 km/Glottertal Ortsmitte 1,2 km«** orientieren und rechts der gelben Raute auf der nach unten führenden Straße folgen.

Wer will, kann auch die kleine Abkürzung am Waldrand entlang des Zauns nehmen, um den Blick länger genießen zu können. Nach 10 Metern steht eine weitere Bank mit schönem Blick in die Rheinebene, auf die Vogesen und die Schweizer Alpen. Der schmale Weg am Weidezaun entlang führt nach 50 Metern wieder auf die breite Waldstraße mit gelber Raute, der wir weiter folgen.

Jetzt heißt es aufpassen: Die Waldstraße teilt sich erneut. Wir halten uns links (gelbe Raute), auf keinen Fall den Waldweg steil nach unten nehmen, immer Richtung Friedhof halten.

Auf diesem Weg, der sich dauerhaft leicht nach unten neigt, gehen wir nun direkt immer der gelben Raute nach, bis zum Parkplatz zurück. Kurz davor bietet sich ca. 150 Meter über dem historischen Lindinger Hof noch eine letzte Sicht übers Glottertal.

Auf die Wegweiser achten: Wir halten uns Richtung Friedhof.

Fast am Ende angelangt: Blick auf Glottertal und den Friedhof

19

LEIMENHOF – SILBERGRÜBLE – LEIMENECK

 5 km

 leicht

 180 Hm

 20 Min.

 40 Min.

Immer den Kandel vor der Nase ...

 Gemütliche Wanderung mit vielen Aussichtsbänken.

 Wiese, Wald und tolle Blicke ins Föhrental, nach Denzlingen und zum Kandel.

Ausgangspunkt: Leimeneckstraße vor dem Leimenhof/Glottertal

Anfahrt ab Freiburg

B294 Richtung Waldkirch, Ausfahrt St. Peter/Glottertal, auf die L112 abbiegen, in Glottertal gegenüber der Kirche und dem historischen Gasthaus Engel in der Leimeckstraße parken.

ÖPNV ab Freiburg

Ab Hbf. mit S2 bis Denzlingen, umsteigen in die Buslinie 205 nach Glottertal, Ausstieg Haltestelle Engel.Einkehr

Einkehr

Wirtshaus Zur Sonne
Talstraße 103, 79286 Glottertal
Tel. 07684 242
www.sonne-glottertal.de
Feines Essen, sehr freundliches Personal, eher hochpreisig.

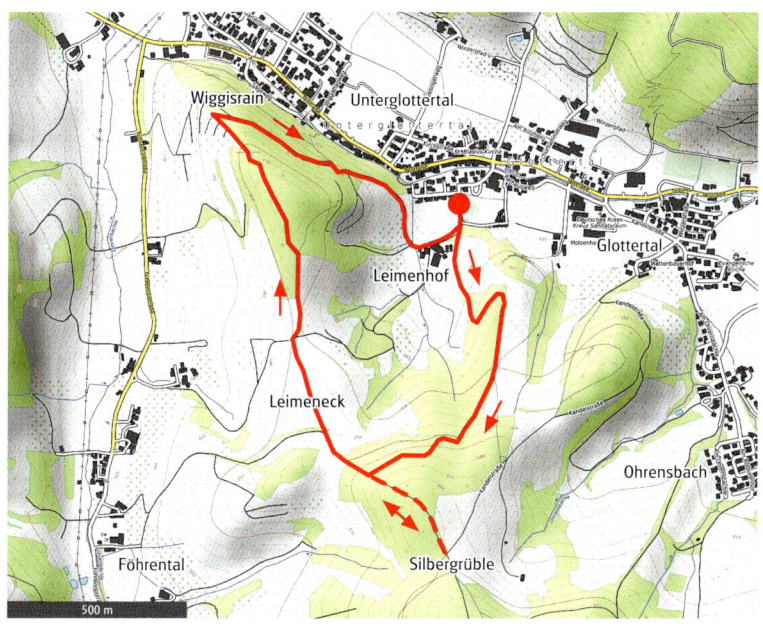

Kommoder Weg Richtung Leimenhof

Blick zurück ins vordere Glottertal

Ausgangspunkt ist die Leimeckstraße gegenüber der Kirche in Glottertal. Wir laufen entlang der Leimeckstraße und halten uns an den Wegweiser Richtung »Leimenhof 0,2 km«. Nach den Tennisplätzen des Hotels Hirschen an einer großen Wiese sehen wir den **Leimenhof**. Wir folgen der Straße und biegen dann in den Feldweg Richtung »Silbergrüble 1,6 km« ab.

Mäßig ansteigend geht es an Obstbäumen vorbei. Zur Rechten haben wir stets den Bio-Bauernhof Leimenhof im Blick. Im Wald angekommen, eröffnet sich in der zweiten Kurve der erste phänomenale Ausblick zum Kandel, ins untere Glottertal bis nach Emmendingen. Das Panorama ist in jedem Fall ein kurzes Verweilen wert.

Nach der Spitzkurve gehen wir rechts der gelben Raute folgend weiter dem breiten Waldweg nach. Hierbei halten wir uns an der Abzweigung links aufwärts Richtung »Silbergrüble«, bis schließlich eine kleine Rechtskurve die letzten Meter Richtung Aussichtswiese am Silbergrüble einläutet. Eine große Matte, auf der man perfekt chillen, spielen und schlafen kann – und das alles mit hervorragendem Blick auf Kandel und Wuspenhof.

Die erste Aussichtsbank: Hier lässt es sich im Schatten der Blick Richtung Emmendingen genießen.

Bis zum Silbergrüble: Ein schöner Kandel-Blick löst den anderen ab.

Chill-Wiese Richtung Föhrental

Blick übers Leimeneck bis in die Ortenau

Wir gehen den Weg weiter, an dem nach den nächsten 100 Metern Richtung Silbergrüble eine versteckte Sonnenbank auf der linken Seite steht, auf der sich abseits vom Trubel die Aussicht genießen lässt. Schließlich erreichen wir die Wegkreuzung und den Aussichtspunkt **Silbergrüble**. Nach kurzem Aufenthalt folgen wir der Markierung Richtung »Leimeck 0,5 km« ca. 300 Meter auf demselben Weg, auf dem wir gekommen sind, bis wir, gerade aus dem Wald tretend, rechts einen Wegweiser Richtung »Leimenhof 1,2 km« sehen, der direkt bei einer Schattenbank platziert ist. Die Wiese gegenüber eignet sich perfekt für alle möglichen Ballspiele und zum Picknick mit Blick ins Föhrental bis hin zum Streckereck.

Wir gehen aber geradeaus weiter Richtung »Leimeneck«. Hier reiht sich eine Aussichtsbank an die andere. Ebenso ist jede neue Sichtposition ein Erlebnis. Das **Leimeneck** bietet links einen wunderschönen Blick über das Föhrental, Denzlingen und das untere Glottertal, auf der rechten Seite zum Kandel und dem Wuspenhof. Von da ab folgen wir einfach gerade der breiten Waldstraße (gelbe Raute), die nach einer kurzen Steigung und scharfer Rechtskurve wieder zum Ausgangspunkt und dem Leimenhof zurückführt.

Weg zurück: Immer den Leimenhof im Blick

20 SÄGENDOBEL – IM ROHR – NAZIHOF

 5 km

 leicht

 190 Hm

 35 Min.

 —

Die schönste Aussichtswanderung im Schwarzwald ...

 Einsame Wege mit phänomenalen Ausblicken auf Schauinsland und Feldberg.

 Selbstgemachte Kuchen im urigen Gasthof Engel.

Ausgangspunkt: Wanderparkplatz in der Linkskurve nach der Brücke am Ende der Ortschaft Sägendobel/St. Peter

Anfahrt ab Freiburg

B294 Richtung Waldkirch, Ausfahrt Glottertal/St. Peter, weiter auf der L112 durch das Glottertal fahren, nach ca. 12 Kilometern links Richtung Sägendobel/Kandel abbiegen, am Sägendobel vorbeifahren und in der Linkskurve nach der Brücke am Wanderparkplatz das Auto abstellen

Einkehr

Gasthof Engel
Sägendobel 18, 79271 St. Peter
Tel. 07660 225
Urige Gaststube mit guten Kuchen und regionaler Küche. Günstiges Preissegment und familienfreundlich. Doppeldaumen hoch!

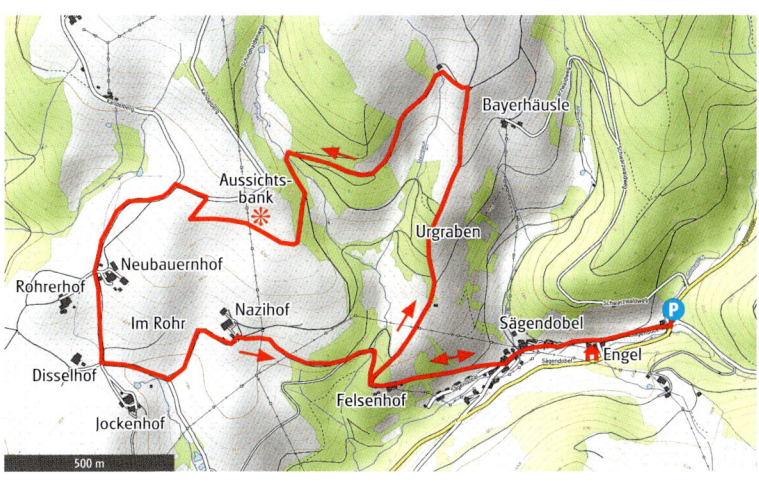

Ausgangspunkt ist der Wanderparkplatz an der Spitzkehre Sägendobel. Wir überqueren die Straße, laufen am Gasthof Engel vorbei in den Ort, wo wir das Café Schuler (seit längerem geschlossen) sowie das Sägewerk, das dem Ortsteil von St. Peter seinen Namen gegeben hat, passieren. Nach dem Café Schuler biegen wir nach rechts in eine kleine Straße mit dem Wegweiser Rich-

Weg den Urgraben hoch – das perfekte Panorama haben wir im Rücken.

*Fast an der höchsten Stelle am Brandeck angekommen, bietet sich eine schattige Bank mit traumhafter Sicht zum Feldberg zur Rast an.
Auch im Winter ein Hochgenuss!*

tung »Rohr 1,4 km/Kandel«. Auf einem steil ansteigenden Weg, der traumhafte Blicke auf den Feldberg freigibt, geht es am Felsenhof vorbei bis zu einer Weggabelung mit zahlreichen Wegweisern. Wir folgen der Abzweigung rechts Richtung »Brandeck 1,0 km/Kandel 3,5 km (steil)«.

Von jetzt an gehen wir ziemlich gerade und aufwärts einen breiten Waldweg über den **Urgraben**. Eigentlich müsste man hier rückwärtsgewandt laufen, da die Sicht auf den Feldberg im Schwarzwald einzigartig ist. Dem wird durch eine Reihe von Sitzbänken im Abstand von 50 bis 100 Metern Rechnung getragen.

Nach der ersten Bank vor einem Schuppen kommt nach ca. 50 Metern eine Weggabelung. Wir halten uns links. Rechts ist eine große Wiese, die sich hervorragend für ein Mittagsschläfchen anbietet. 100 Meter weiter erreichen wir eine schattig gelegene Bank neben einem Marterl, die an Schönheit und Lage mit perfekter Fernsicht über das gesamte Feldbergmassiv nicht zu überbieten ist. Weitere 50 Meter oberhalb am **Brandeck** (wieder mit Aussichtsbank) folgen wir links dem Wegweiser Richtung »Neubauernhof 2,0 km/Rohr 2,2 km«

Jetzt geht es ca. 500 Meter Richtung Feldberg auf dem Panoramaweg entlang, dann laufen wir ein kurzes Stück durch den Wald, und kurz nach der spitzen Linkskurve über den Rohrbach erreichen wir eine Weggabelung. Der gelben Raute nach gehen wir hier 30 Meter rechts nach oben und stoßen dann auf eine wunderschöne Wiese mit erneut perfekt gelegener Aussichtsbank. Der optimale Blick zum Feldberg, Schauinsland bis hin zu den Schweizer Alpen machen diese Stelle ideal zum Chillen, Schlafen, Vespern, Genießen.

Weiter geradeaus geht es über die Wiese den schmalen Weg am Weidezaun des **Neubauernhofes** vorbei, bis wir auf einen weiteren Zaun treffen. Hier folgen wir rechts dem Wegweiser Richtung »Neubauernhof 0,5 km/Rohr 0,8 km« und kommen auf eine schmale, geteerte Straße. Wir orientieren uns am Wegweiser Richtung »Rohr 0,5 km« und treffen nach einer Linkskurve auf den **Rohrerhof** und den **Neubauernhof**. Kurz davor eröffnet sich eine geniale Aussicht über das Glottertal bis zu den Vogesen.

Auf der geteerten Straße »Im Rohr« wandern wir weiter bis zum **Jockenhof**, wo die Straße talwärts eine Linksbiegung macht. Nach weiteren 100 Metern nehmen wir die Abzweigung Richtung »Nazihof« und folgen der gelben Raute und dem Wegweiser Richtung »Sägendobel«.

Am Nazihof, an dem wir direkt vorbeikommen, kann man sich im Hofladen mit Speck oder Eiern eindecken. Der Nazihof, benannt nach seinem früheren Besitzer Ignatz Hummel (gestorben 1737), war in den 1990er Jahren einer der letzten Höfe im Rohr, der noch Schweinezucht betrieb.

Gegenüber der Hauskapelle des Nazihofes biegen wir rechts in einen schmalen Wiesenweg ab, der an einer Dornenhecke entlang in den Wald führt. Wir folgen dem Weg, bis wir direkt auf eine breite Waldstraße stoßen, auf der wir am **Felsenhof** wieder auf unseren Ausgangsweg treffen, der uns in den Ort zurückführt.

Im Gasthof Engel gönnen wir uns ein Abschlussvesper oder ein Stück Kuchen.

Ab ins Rohr mit fantastischem Blick Richtung Kaiserstuhl und Feldberg

Hauskapelle des Nazihofes – gegenüber geht der Pfad zurück.

Ein letzter Blick vom Felsenhof Richtung Feldberg – und dann Abschlussvesper im Gasthof Engel

21

SÄGENDOBEL – EBNETHOF – HEIZMANNSBERGHÄUSLE

 6 km

 leicht

 180 Hm

  ✓

 35 Min.

 –

Von Bauernhof zu Bauernhof am Fuße des Kandels ...

⇨ Leichte Wanderung mit Einkehr im urigen Gasthof Engel.

⇨ Tierisches Vergnügen mit Esel, Milan und Walliser Ziegen.

Ausgangspunkt: Wanderparkplatz in der Linkskurve nach der Brücke am Ende der Ortschaft Sägendobel/St. Peter

Anfahrt ab Freiburg

B294 Richtung Waldkirch, Ausfahrt Glottertal/St. Peter, weiter auf der L112 durch das Glottertal fahren, nach ca. 12 Kilometern links Richtung Sägendobel/Kandel abbiegen, am Sägendobel vorbeifahren und in der Linkskurve nach der Brücke am Wanderparkplatz das Auto abstellen.

Einkehr

Gasthof Engel

Sägendobel 18, 79271 St. Peter
Tel. 07660 225
Urige Gaststube mit guten Kuchen und regionaler Küche. Günstiges Preissegment und familienfreundlich. Doppeldaumen hoch!

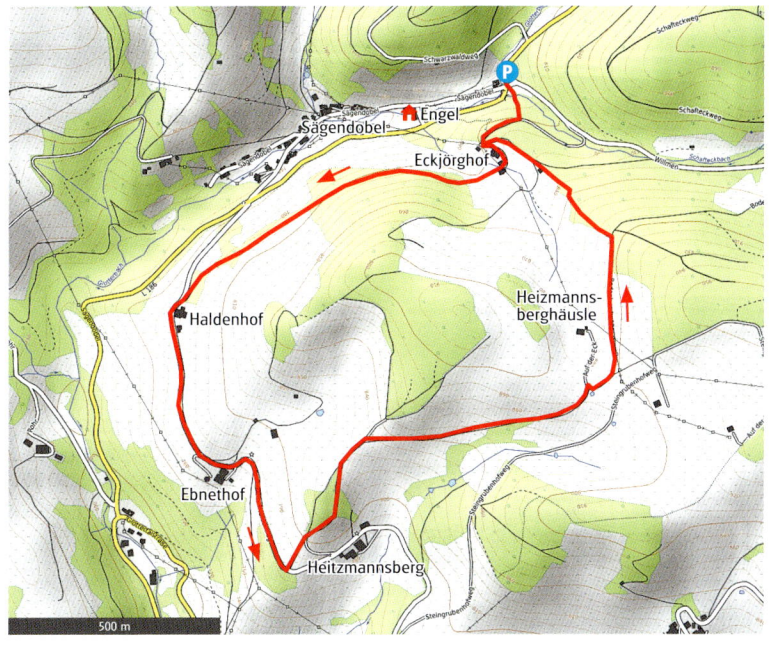

Vergessener Pfad zum Eckjörghof

Der Eckjörghof ist familien- und tierfreundlich. Highlight: die zutraulichen Esel.

Obstbaumgesäumt geht es den Kandelhöhenweg entlang.

Eine Bank nach der anderen: Der Kandelhöhenweg überzeugt mit bester Aussicht.

Ausgangspunkt ist der Parkplatz an der Zufahrt zum Eckjörghof am Ende der Ortschaft Sägendobel. Hier gibt es zwei Wegvarianten: Entweder der Teerstraße Richtung Eckjörghof bis zu diesem folgen, oder, was die spannendere Version ist: Wir gehen über die Brücke zurück und biegen direkt nach der Brücke auf einen kaum mehr sichtbaren Waldpfad ein. Hier müssen wir genau auf den Weg (oder Nicht-Weg) achten. Nach einem kurzen, steilen Anstieg schlängelt sich der Pfad leicht ansteigend den Berg hinauf, bis man wieder auf die Zufahrtstraße zum Eckjörghof kommt, der wir nun bis zu diesem folgen. Am **Eckjörghof** angekommen, halten wir uns an die geteerte Straße, die direkt durch den Hof hindurchführt, wo wir sehr zutraulichen Eseln und großen Walliser Ziegen begegnen können. Die Straße mit dem Wegweiser »Haldenhof 1,0 km« geht in den Kandelhöhenweg über. Im Abstand von 100 Metern steht eine schöne Aussichtsbank nach der anderen in der Blickreihenfolge: Felsenhof und Kandel, Rohr und Kandel, den meist bis April schneebedeckten Feldberg. Angekommen am Haldenhof, orientieren wir uns an dem Wegweiser Richtung »Heizmannhof 1 km/Streckereck 11,5 km«.

Am **Haldenhof** vorbei bietet sich eine Bank unter einem großen Baum mit Marterl zur Vesperpause an. Der Blick auf den Feldberg ist berauschend. Jetzt geht es flach auf dem Kandelhöhen-

weg weiter bis zum **Ebnethof**. Dort sehen wir in einer Kurve auf das alte, historische Wasserrad zur Stromgewinnung. Nach dem Ebnethof erreichen wir nach ca. 150 Metern eine Spitzkehre, bei der genau in der Mitte ein geteerter Weg nach oben abzweigt. Diesem folgen wir einen kurzen Anstieg, bis sich der Weg teilt, dann biegen wir in die Straße nach rechts und genießen neben Milanen, die hier ihre Kreise ziehen, die Aussicht auf St. Peter und den Feldberg.

Der gelben Raute nach geht es weiter aufwärts die Teerstraße entlang, bis nach einem Klärbecken auf der rechten Seite eine Markierung auf offenem Feld uns links Richtung »Eckjörghof 0,8 km/Sägendobel 1,2 km« weist.

Die Wiese oberhalb des jetzt sichtbaren **Heizmannsberghäusle** ist wiederum ein perfekter Vesperplatz. Der breite Weg führt uns bis zu einer scharfen Rechtskurve am Bodenhurst, gegenüber bei einer Aussichtsbank gehen wir scharf links der gelben Raute folgend auf einem steilen Waldpfad wieder zum **Eckjörghof**, dem wir uns nun von der anderen Seite nähern. Von da ab geht es wieder den schon bekannten, kaum sichtbaren Waldpfad oder die Teerstraße bis zum Ausgangspunkt zurück.

Historisches Wasserrad am Ebnethof

Blick vom Heizmannsberghäusle Richtung Schauinsland

Den Wegweiser Richtung Eckjörghof nicht verpassen.

Vom Heizmannsberghäusle perfekter Blick auf den Kandel

22

PLATTENHÖFE – ZWERIBACH-WASSERFÄLLE – HEIDENSCHLOSS

 5,5 km

 mittel

 150 Hm

 ✓

 40 Min.

 –

Zum Naturschauspiel Zweribach-Wasserfälle ...

 Auf schmalen Pfaden ins Abenteuer Bannwald.

 Achtung: Es ist Trittsicherheit notwendig.

Ausgangspunkt: Parkplatz am Plattenhof/St. Peter

Anfahrt ab Freiburg

B294 Richtung Waldkirch, Ausfahrt Glottertal/St. Peter, auf der L112 durch das Glottertal, nach ca. 12 Kilometern links Richtung Sägendobel/Kandel, danach Richtung Platte/Neuwelt abbiegen und weiter den Hinweisen Richtung Platte bis zum Gasthaus Plattenhof folgen.

Einkehr

Gasthaus Plattenhof

Platte 3, 79271 St. Peter
Tel. 07660 864
www.plattenhof-ferienwohnung.de

Gemütliche Gaststube, gute Kuchen, solide badische Küche. Empfehlenswert: Holzfällersteak mit Brägele und danach ein Schwarzwaldeis aus St. Peter. Das beliebte Ausflugsgasthaus ist meistens gut besucht.

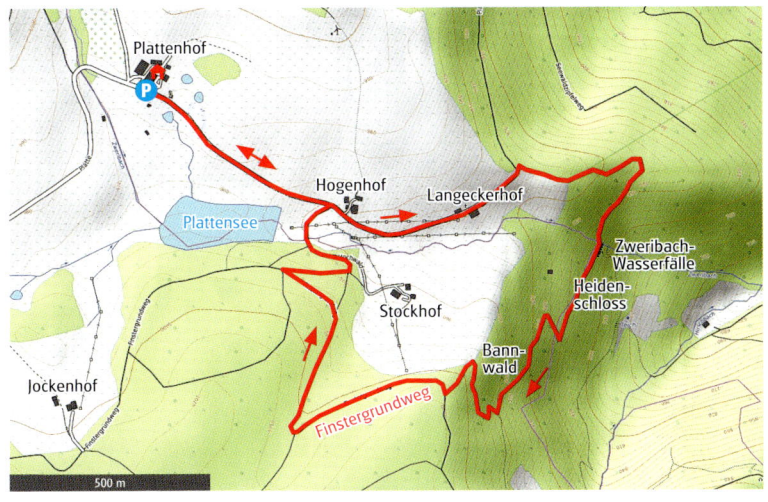

An der Hauskapelle des Plattenhofes geht es vorbei zu den Zweribach Wasserfällen.

Der Plattenhof – eine gastwirtschaftliche Institution am Kandel

Blick auf die gegenüberliegenden Simonswälder Berge

Ausgangspunkt ist das Gasthaus Plattenhof. Hier können wir problemlos parken und später zum Abschluss der Wanderung ein Holzfällersteak mit Brägele oder auch die beste Himbeersahnetorte der Welt essen. Das Besondere an der Region: An den Wegen rund um den Kandel gibt es viele Informations-Stelen, die lokale Besonderheiten beschreiben. Das beginnt mit der Infotafel bei den Plattenhöfen über die Kandelhexe Kandela und das Wirken von Naturgewalten.

Vom Plattenhof geht es das kleine geteerte Sträßchen am Hogenhof vorbei zum **Langeckerhof**, der sich eng an den Steilhang Richtung »Zweribach-Wasserfälle« schmiegt.

Eigentlich müsste ein solch abgelegener Hof mit steiler Hanglage längst aufgegeben haben wie ähnliche Höfe im nahen Zweribach. Doch die Familie des Langeckerhofes hält bewusst an ihrem Hof fest. Die Bewirtschaftung hat eine lange Geschichte. Um die steilen Wiesen freizuhalten, weiden ausschließlich junge Kälber und Jungvieh auf der Fläche. Schwere Tiere würden mit ihrem Gewicht die Grasnarbe zerstören. Weil der Milchtankwagen den Hof mangels Wendemöglichkeit nicht mehr an-

Der Langeckerhof schmiegt sich an den Abhang – und ist seit Generationen bewirtschaftet.

fährt, wird auf dem Langeckerhof Butter hergestellt, die neben Rindfleisch aus eigener Schlachtung selbst vermarktet wird. Den Eigentümern liegt viel daran, ihren seit Generationen gewachsenen Hof auch weiterhin zu bewirtschaften. Indem sie die bäuerlich geprägte Kulturlandschaft mit ihren artenreichen Bergweiden und den herrlichen Ausblicken erhalten, leisten sie gleichzeitig einen wichtigen Beitrag zum Natur- und Umweltschutz. 20 Meter weiter kommen wir zu einer Weggabelung, an der wir nach rechts in den Pfad Richtung »Zweribach-Wasserfälle 0,8 km« einbiegen.

Abzweigung zu den Wasserfällen mit Blick Richtung Gütenbach

Die hier stehenden Bänke bieten eine Gelegenheit zur Vesperpause, bevor wir zu den Wasserfällen hinuntersteigen. Entlang einer Hochweide des Langeckerhofes mit Blick auf Gütenbach und Hintereck geht es abwärts auf einem abschüssigen, schmalen Waldpfad. Hier müssen wir sehr achtsam sein und uns in Trittsicherheit üben.

Das Besondere an diesem Wald: Aus dichtem Urwald wurde im 16. Jahrhundert zunächst eine Ressource für Bergbau und Holzwirtschaft. Dann wurde der Wald von Bauern und dem Kloster St. Peter intensiv genutzt, was dazu führte, dass 200 Jahre später nur noch bescheidene Reste des einstigen Urwaldes übrig waren. Als die Landwirtschaft im Zweribachtal nicht mehr ertragreich genug war, verkauften viele Bauern ihre Fläche an

Der Bannwaldpfad erfordert Trittsicherheit.

Der Weg am Wasserfall vorbei ist durch eine Stahltreppe gesichert.

den Staat. Der Wald eignete sich seine einstige Fläche wieder an, und schon 200 Jahre später war die ehemalige Bewirtschaftung nicht mehr zu erahnen. Alles verschwand unter einem satten Grün – so auch die Ruine des Vorderen Heidenschlosses, die als ein Stück Zeitgeschichte gesehen werden kann. So stehen wir hier heute an der Grenze zum Bannwald und Naturschutzgebiet Zweribach, in dem sich der Wald seit 1970 ungestört entwickelt.

Zunächst geht es geradeaus, bei der Weggabelung halten wir uns rechts und laufen auf dem schmalen Pfad rechts dem grünen Zweitälersteig-Herz nach. 500 Meter weiter erreichen wir den Oberen **Zweribach-Wasserfall**, der sich in ein tiefes Becken ergießt. Das ist sehr beeindruckend und in jedem Fall eine Pause wert. 20 Meter weiter geht es dann links Richtung »Wildgutach 4 km/Untere Zweribach-Wasserfälle«. Wir halten uns beim Wegweiser Richtung »St. Peter 7,5 km/Stockbühl 1,0 km« an die gelbe Raute und gehen in den **Bannwald**. Über einen verwach-

Bei der Wegteilung halten wir uns nach rechts oben.

Weiter geht es auf dem Bannwaldweg.

Wieder oben angekommen, Blick auf den Stockdobel.

Kurz vor dem Ende: traumhafter Blick Richtung Gütenbach und Hintereck

senen, aber gut erkennbaren Pfad laufen wir nach rechts, bis wir zu einem großen Felsen kommen, bei dem ein Baum mit Markierung steht. Wir wenden uns nach rechts und nach einer 180 Grad Kurve steil nach oben. Der Weg trifft auf eine große Wiese am **Stockdobel**, wo sich eine gute Aussicht auf Plattenhof und -see bietet. Wir folgen dem Weg bis zur nächsten Beschilderung, die uns in die Richtung »Plattenhof 2 km/Plattensee 1 km« weist.

Nach einer spitzen Rechtskurve bleiben wir einfach auf dem Hauptweg, bis wir links eine Beschilderung erreichen. Dieser folgen wir Richtung »Plattenhof 1 km/Hogenhof 0,4 km« in einer 180 Grad Wende nach unten, bis wir auf ein geteertes Strächen Richtung **Hogenhof** gelangen. Von da ab geht es wieder links der Straße nach zurück zum Plattenhof.

Zur Platte: Die dort ansässigen Höfe schlossen sich in den 1960er Jahren als Energiegemeinschaft an das öffentliche Stromnetz an. Durch intensiven Ausbau der Wind- und Solarenergie speisen die Plattenbauern heute weit mehr Strom in das Netz ein, als sie verbrauchen. Durch ihre nachhaltige Energiegewinnung sind die Plattenbauern Vorreiter in Sachen Umweltschutz.

23

KANDEL – DÜRRER STEIN – GOLDSBACHSCHLUCHT

 12 km

 mittel

 420 Hm

 –

 40 Min.

 –

Abseits der Massenpfade durch den wilden, unbekannten Goldsbach …

 Keine Einkehr unterwegs, vor oder nach der Tour kann man sich in der Bergwelt Kandel stärken.

 Auerhahnschutzzonen und eine verwunschene Schlucht sorgen für Abenteuerfeeling.

Ausgangspunkt: Wanderparkplatz am Kandelsattel

Anfahrt ab Freiburg

B294 Richtung Waldkirch, Abfahrt Glottertal/St. Peter, auf der L112 durch das Glottertal fahren, nach ca. 12 Kilometern links Richtung Sägendobel/Kandel abbiegen, bis zum Kandelsattel durchfahren und am Wanderparkplatz das Auto abstellen.
Tipp: Vor 11 Uhr da sein, sonst werden die Parkplätze knapp!

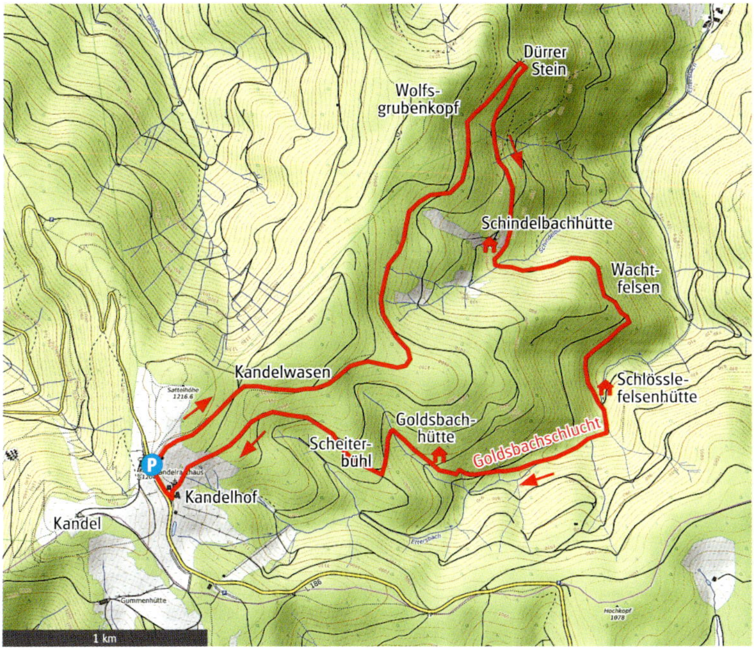

Auf dem Kandelgipfel, wo die Gleitschirmflieger starten, gleich hinter der Piuskapelle, geht es los. Vom Parkplatz aus wenden wir uns nach rechts Richtung Bergwachtheim und folgen dem Wegweiser Richtung »Kandelwasen 1 km/Simonswald 7,5 km«. Zunächst genießen wir noch die perfekte Aussicht nach Simonswald und Gütenbach, bis der breite Weg in einen Waldweg übergeht. Immer leicht abwärts wandern wir auf dem Hauptweg. Im Abstand von 100 Metern zweigen Sattelweg und

Gleitschirm Start- und Landeplatz am Kandelsattel

RUND UM DEN KANDEL

Vom Dürren Stein: Beste Sicht auf Höllkopf, Schultiskopf und Simonswald

Leicht abseits vom Weg: die verwunschene Schindelbachhütte

Wildseeweg nach links sowie Hahnenweg nach rechts ab. Wir lassen uns nicht beirren und halten uns an den Hauptweg, bis wir nach ca. 3,5 Kilometern auf eine Weggabelung mit Wegweiser stoßen. Hier am **»Dürren Stein«** haben wir eine tolle Sicht über Simonswald sowie zum Höllkopf und Schultiskopf hinüber.

Wir folgen dem Wegweiser und dem breiten Waldweg Richtung »Simonswald« solange, bis wir an einen Bachlauf, den Schindelbach, kommen. Leicht darüber liegt die **Schindelbachhütte**, die ab und zu im Sommer bewirtschaftet ist und zu einem kühlen Bier einlädt – wenn man Glück hat.

Ansonsten geht es weiter den Weg entlang bis zu einer erneuten Wegkreuzung am **Wachtfelsen**, wo ein markanter Hochstand und eine einladende Sitzbank stehen. Wir halten uns hier nicht an den Goldsbachweg mit Wegweiser «Kandel», sondern gehen den bekannten Weg weiter nach unten Richtung »Simonswald«, bis wir in der nächsten Spitzkehre links die **Schlösslefelsenhütte** sehen und wir rechts direkt nach der Brücke in die Goldsbachschlucht einbiegen (gelbe Raute).

Der Bach rauscht, links und rechts neben dem kaum mehr sichtbaren Pfad türmen sich in einigen Abständen 20 bis 30 Meter hohe Felswände. Man ist überrascht, dass es so ein Naturschauspiel im Schwarzwald zu erleben gibt, das offensichtlich keiner kennt – hier ist es nahezu menschenleer.

Diesem Pfad folgen wir aufwärts, bis er rechts vom Fluss abbiegt und weiter den Berg hochführt. Bald trifft er auf eine breite Waldstraße mit Wegweisern, ein Schild zeigt auf unseren Weg nach Simonswald – wir waren also richtig. An dieser Weggabelung nehmen wir die breite Waldstraße nach links. Nach ca. 10 Metern geht ein schmaler Pfad mit gelber Raute rechts in den Wald hinein. Der schöne Waldweg verläuft bald an der **Goldsbachhütte** vorbei, immer den Berg hinauf. Wir halten uns dabei immer an die gelbe Raute.

Blick vom Wachtfelsen Richtung Gütenbach

Verwachsener Schluchteingang gegenüber der Schlößlefelsenhütte in der Kurve

Die Goldsbach Schlucht: unbekannt, aber wild romantisch

Hohe Felswände links und rechts betonen den Schluchtencharakter.

Riesige Ameisenhaufen zeugen von unberührter Natur, bis wir schließlich an der Kuhloch-Piste vom Kandel herauskommen.

Nach einer Spitzkehre nach links – wir haben den Goldsbach Oberlauf gerade überquert – geht rechts ein schmaler Waldpfad (gelbe Raute) nach oben. Dieser mündet auf eine breite Waldstraße, die wir zehn Meter nach rechts gehen, und dann folgen wir dem Wegweiser **»Alter Kandelweg«** nach oben. Vorbei an vielen beeindruckenden Ameisenhaufen und Schutzhinweisen für das Auerhuhn orientieren wir uns an den Wegweisern »Kandel/Kandelhof«, erst der gelben, dann der blauen Raute nach, bis wir schließlich auf der großen Wiese am Sperbersgrund – der Skipiste Kuhlochabfahrt – herauskommen. Die Piuskapelle ist bereits zu sehen, diese passieren wir, und nach 20 Metern rechts die Kandelstraße entlang befinden wir uns wieder am Wanderparkplatz am Kandelsattel. Wir können den Gleitschirmfliegern nachschauen, um danach beeindruckt von der Wanderung und den schönen Ausblicken, den Heimweg anzutreten.

Die Piuskapelle am Kandelsattel – jetzt sind es nur noch wenige Meter bis zum Auto.

Wieder am Kandelsattel – der Abschied fällt schwer.

KANDEL – KANDELFELSEN – GUMMENHÜTTE

Hüttenausflug in die Bergwelt …

 Einfache Wanderung mit berauschender Aussicht.
 Einkehr beim kultigen Fensterliwirt auf der Gummenhütte.

Ausgangspunkt: Wanderparkplatz am Kandelsattel

 6,5 km

 mittel

 260 Hm

 ✓

 40 Min.

 —

Anfahrt ab Freiburg

B294 Richtung Waldkirch, Abfahrt Glottertal/St. Peter, auf der L112 durch das Glottertal fahren, nach ca. 12 Kilometern links Richtung Sägendobel/Kandel abbiegen, bis zum Kandelsattel durchfahren und am Wanderparkplatz das Auto abstellen. Tipp: Vor 11 Uhr da sein, sonst werden die Parkplätze knapp!

Einkehr

Gummenhütte – Fensterliwirt
Talstraße 139a, 79286 Glottertal
Tel. 0175 4727066
www.fensterliwirt.de
www.gummenhuette.g-valley.de

Eine Hütte, die auf bio und regional setzt. Mal abgesehen von einem relativ hohen Preisniveau, kann man hier bei guter Sicht am Gummenhang chillen und sein Vesper genießen.

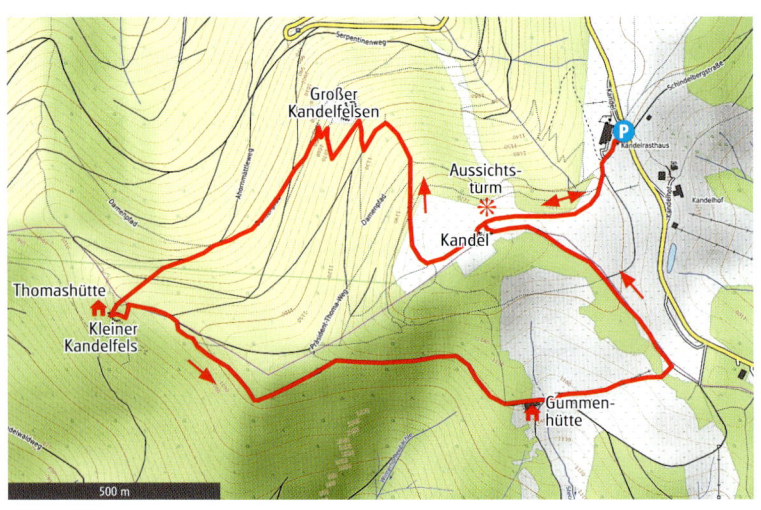

Ausgangspunkt ist der große Wanderparkplatz am Kandelsattel beim Hotel Bergwelt Kandel. Wir wandern links am Hotel vorbei, immer den Kandelaussichtsturm vor der Nase. Auf dem Weg dahin (ca. 500 Meter) und beim Turm haben wir eine Rundumsicht zum Feldberg, über den Schauinsland, in die Rheinebene, zum Kaiserstuhl, nach Waldkirch und nach Simonswald. Eigentlich lässt sich dieser Blick schwer toppen, doch es kommt noch besser. Einzig störend sind die Menschenmassen, die sich am Gipfel an einem schönen Tag versammeln.

Weiter geht es über den Gipfel auf dem Weg, der mit der gelben, blauen und Zweitälersteig-Raute markiert ist. Aussichtsbänke säumen die Strecke Richtung **Großer Kandelfelsen**. Da der schmale Pfad dorthin ausschließlich durch den Wald führt, ist er an heißen Tagen besonders lohnend. Der Weg geht in Serpentinen über, die uns abwärts auf einen breiten Waldweg führen. Hier wenden wir uns nach links und laufen nahezu eben ca. 500 Meter den Weg entlang, wo sich zwischen den Bäumen immer wieder super Blicke Richtung Emmendingen und Waldkirch eröffnen. Schließlich erreichen wir eine Wegkreuzung, an der wir den schmalen Waldweg nach links einschlagen. Die gelbe Raute am Baum links oberhalb der Abzweigung zeigt, dass wir richtig sind. Dem breiten Weg folgen wir steil aufwärts, bis dieser auf einen Querweg Richtung »Thomashütte 0,2 km/Gummenhofhütte 1,0 km/Kandel 1,2 km« trifft.

Besser geht es kaum: fantastischer Rundumblick vom Kandelturm.

Traumhaft schön: Freiburg ist ganz nah!

Teilabschnitt des Zweitälersteiges – wild und schmal

Großer Kandelfelsen mit hervorragendem Blick über Waldkirch und das Elztal

Thomashütte am kleinen Kandelfelsen – eine der schönst gelegenen Schutzhütten im Schwarzwald

Jetzt machen wir einen kurzen Abstecher zur **Thomashütte**, bevor es zur Gummenhütte geht. Die Thomashütte ist eine kleine Schutzhütte an einem der exponiertesten Orte des Schwarzwaldes. Direkt auf dem oberen Teil des **Kleinen Kandelfelsens** gelegen, bietet sie einen herrlichen Rundumblick, perfekte Vespermöglichkeit und Ruhebänke zum Chillen. Wermutstropfen ist hier nur, dass der Platz zum Teil heillos überfüllt ist.

Von dort, die Hütte hinter uns lassend, nehmen wir den schmalen Pfad rechts, der mit der Zweitälersteig-Markierung und der gelben Raute ausgezeichnet ist. Hier halten wir uns bei der Abzweigung Richtung Berg und kommen wieder bei der Wegkreuzung Richtung »Gummenhütte 1 km« raus. Diesem Weg folgen wir der gelben Raute nach. An der Wegkreuzung mit dem Schild »Fensterliwirt« halten wir uns rechts Richtung »Gummenhütte«. Der breite Waldweg an einem Marterl vorbei mündet in eine breite Waldstraße, die uns links direkt zur **Gummenhütte** führt. Auch hier bietet sich ein wunderschöner Blick auf den

Gummenhütte: eine willkommene Vesper Location

Chill-Wiese oberhalb des Gummenhanges mit hervorragendem Feldbergblick

Feldberg. Die Hütte ist relativ teuer, allerdings aufgrund der Lage eine Einkehr wert.
Auf einem breiten Waldweg gehen wir gemütlich am Gummenhang wieder zurück auf den Kandel. Wir folgen dabei dem Wegweiser Richtung »Kandelhof und Kandel«. Auf dem Kandelhöhenweg angekommen – man hat den Aussichtsturm bereits im Blick – sollte man sich noch den Abstecher an den Waldrand links neben dem Weg gönnen, um ein letztes Mal von der Aussicht überwältigt zu werden. Vorbei an dem Weidebuchenwald laufen wir zum Kandelparkplatz am Sattel zurück.

Die gleiche Wiese ist auch beliebter Landeplatz für Gleitschirmflieger. Jetzt sind wir bald am Ziel.

25

WALDKIRCH – BURGRUINE SCHWARZENBERG

 9 km

 mittel

 385 Hm

 —

 20 Min.

 15 Min.

Abwärts auf der Riesenrutsche …

 Wanderung zu den Burgherren mit Spielplatz und Biergarten als Abschluss.

 Rasante Abfahrt auf Europas längster Röhrenrutschbahn.

Ausgangspunkt: Besucherparkplatz der Sick AG/Waldkirch

Anfahrt ab Freiburg
B294 Richtung Waldkirch, Ausfahrt Waldkirch West, links Richtung Stadt, zweite Abzweigung in die Erwin-Sick-Straße nehmen und auf dem Besucherparkplatz das Auto abstellen.

ÖPNV ab Freiburg
Ab Hbf. mit der S2 bis Richtung Waldkirch, Ausstieg Batzenhäusle, die Emmendinger Straße über die Elz Richtung Stadt laufen, die Freiburger Straße überqueren und geradeaus in die Erwin-Sick-Straße bis zum Besucherparkplatz der Firma Sick laufen.

Beim Obsthof Schätzle halten wir uns links.

Abzweigung zum Totenberghof – wir halten uns links.

Von dem Besucherparkplatz der Firma Sick aus wenden wir uns Richtung Bundesstraße und folgen dem Wegweiser »Schwarzenberg Ruine« durch die Unterführung und erreichen nach ca. 100 Metern eine Weggabelung. Wir halten uns links und folgen dem großen Holzschild Richtung **»Totenberghof«**. Von nun an geht es auf einer kaum befahrenen Teerstraße gemächlich aufwärts. Am nächsten Wegweiser – die Straße führt links nach Waldkirch-Marktplatz – gehen wir rechts und folgen dem Wegweiser »Luser 2,5 km«. Das ist unser Zwischenziel. Auf dem Weg dahin wird das Tal, durch das sich das Wegelbächle romantisch zieht, immer enger und gibt den Blick auf wunderschöne, alte Schwarzwaldhöfe frei. Schließlich geht es rechts ab zum **Totenberghof** mit eigener Schnapsbrennerei. Wir verzichten auf den harten Alkohol, halten uns an die Markierung »Luser 2,0 km« und laufen entlang der Teerstraße, bis diese am nächsten Wegweiser in einen breiten Waldweg übergeht. Wir gehen gerade-

Am Luser: Blick nach Waldkirch

aus der gelben Raute Richtung »Luser 1,5 km« nach, folgen den Holzschildern »Luserweg« bzw. »Zur Schwarzenburg« und lassen den Hinterbauernhof, den höchsten Hof im Tal, rechts liegen. Nach ca. 200 Metern erreichen wir die Abzweigung Schlosswaldweg. Hier laufen wir rechts den breiten Hauptweg Richtung Luser der gelben Raute nach. Bald darauf werden wir mit schönen Ausblicken über das Wegeltal bis nach Waldkirch belohnt.

Schwarzenberghütte am Fuße der gleichnamigen Burg. Jetzt ist es nicht mehr weit.

Schließlich kommen wir nach dem letzten großen Anstieg zu einer breiten Wegkreuzung, an der wir fast 180 Grad nach links gehen und dem Wegweiser »Ruine Schwarzenberg 1,2 km« folgen, bis wir zur Rechten die **»Schwarzenberghütte«** sehen. Jetzt haben wir es fast geschafft: Direkt gegenüber der Hütte beginnt der Pfad zur Schwarzenburg. Auch wenn dieser steil nach oben führt, weiß man spätestens nach 10 Minuten: Die Anstrengung hat sich gelohnt! Sobald wir die Burgruine betreten haben, sind wir überwältigt von der phänomenalen Aussicht über Waldkirch bis nach Freiburg.

Pfad in die Burgruine

Blick auf Waldkirch, Emmendingen und den Kaiserstuhl

Blick hinüber zur Kastelburg

Überreste der ehemaligen Burgkapelle

Auf dem Weg immer wieder schöne Blicke Richtung Elztal

Beim Wegweiser aufpassen: Es geht den Zweitälersteig Richtung Baumkronenweg.

Im Gegensatz zur zweiten Burg von Waldkirch, der viel bekannteren Kastelburg, wurde die Schwarzenburg kein österreichisches Lehen, sondern blieb seit der Gründung zwischen 1122 und 1136 durch Conrad von Waldchilicha (Begründer derer von Schwarzenberg) Eigentum der Freiherren von Schwarzenberg bis zu deren Aussterben im 15. Jahrhundert. Danach wurde die Burg nach verschiedenen Besitzerwechseln zunächst als Steinbruch genutzt und verfiel dann komplett. 1980 wurden die Überreste grundsaniert und wieder begehbar gemacht. Bis auf den Schalenturm, einen Teil der Burgkapelle und die Wirtschaftsgebäude ist heute nicht mehr viel sichtbar. Dafür beeindruckt die Aussicht von der auf 658 Meter über dem Meeresspiegel gelegenen Burg ins Rheintal umso mehr.

Nach ausführlicher Besichtigungs-Pause geht es den Weg wieder zurück zur **Schwarzenberghütte**, immer den Kandel zur Linken im Blick.

An der Schutzhütte wenden wir uns nach links (auf keinen Fall den Weg geradeaus gehen!) und laufen dem Hauptweg nach, der mit dem grünen Herz des Zweitälersteiges gekennzeichnet ist und schöne Ausblicke auf Kandel und Elztal freigibt. Sobald der Weg leicht abfällt, kommt eine weite Linkskurve (meistens sind da Holzstapel an der Seite) und fünf Meter weiter auf der rechten Seite, abseits des Hauptweges, steht ein Wegweiser.

Jetzt heißt es aufpassen: Auf keinen Fall den Hauptweg weitergehen (gelbe Raute), sonst kommen wir am Marktplatz in Waldkirch raus. Wir nehmen den zum Teil verwachsenen, aber gut sichtbaren Weg links vom Hauptweg Richtung **»Baumkronenweg 0,8 km«** (Zweitälersteig-Markierung). Nach etwa 200 Metern gelangen wir von oben an eine Wegkreuzung mit Wegweiser. Hier halten wir uns rechts und gehen die letzten 200 Meter Richtung Baumkronenweg.

Auf dem Sammelplatz kaufen wir für zwei Euro pro Person (ab acht Jahren) ein Ticket für die **Riesenröhrenrutsche** – und das Abenteuer beginnt. Rucksack nach vorne nehmen, festzurren, auf die Unterlage setzen und dann im Affenzahn ab in die Tiefe. Auch wenn die Fahrt im Dunkeln schnell ist, das Ende ist entschleunigt und der Ausstieg bequem. Diejenigen, denen die Röhrenrutsche zu viel Adventure ist, müssen eben den Weg von oben bis zum Ende der Rutsche nehmen und 20 Minuten mehr Laufweg einplanen. Die Rutsche hinter uns gelassen, gehen wir den Weg abwärts, bei der nächsten Wegkreuzung geradeaus und halten uns dann wieder an das grüne Herz des Zweitälersteiges Richtung **Stadtrainsee**. Gegenüber dem Baumxylophon geht der Weg (immer dem grünen Herz nach) ab, direkt zu einem großen Spielplatz und dem Biergarten der ehemaligen Waldkircher Traditionsbrauerei Hirschen. Während sich die Kinder auf dem Spielplatz vergnügen, lässt sich ein kühles Bier genießen. Links entlang des Stadtrainsees laufen wir ca. 10 Minuten bis zum Ausgangspunkt bei der Firma Sick zurück.

Die Röhrenrutsche ist eine der längsten in Europa.

Gegenüber des Baumxylophons nehmen wir den Weg nach unten.

Kurz vor dem Ende: eine Stärkung im Hirschenbräu-Biergarten

Während die Eltern im Biergarten sitzen, können die Kinder direkt daneben spielen.

26 KREUZMOOS – HÜNERSEDEL – LUEGEMOL

 8,5 km

 einfach

 150 Hm

 ✓

 40 Min.

 —

Hochmoorwiesen, Schmetterlingsparadies und Bergkiosk ...

 Entlang des Hochplateaus Weitblicke zum Kandel, zu den Vogesen und zum Oberrhein.

 Badische Küche zu soliden Preisen für hungrige Gäste.

Ausgangspunkt: Wanderheim Kreuzmoos/Freiamt

Wehrmutstropfen: Rund um das Wanderheim gleichen die Wege einer hochfrequentierten Wanderer-Autobahn

Anfahrt ab Freiburg

B294 Richtung Waldkirch/Freudenstadt, im Ort Winden vor dem Gasthof Sonne in einer scharfen Rechtskurve links in die Spitzenbacher Straße abbiegen, kurz vor Oberspitzenbach in einer Linkskurve rechts abzweigen und der Beschilderung Biederbach/Wanderheim Kreuzmoos folgen; die schmale Straße führt bis zum Wanderheim mit Parkplatz.

Einkehr (siehe auch S. 156)
Wanderheim am Kreuzmoos
Kreuzmoos 1, 79348 Freiamt, Tel. 07645 386
www.wanderheim-kreuzmoos.de
Reichhaltiges Essensangebot, mittlere bis gehobene Preislage, die sich bei der traumhaften Lage verschmerzen lässt.

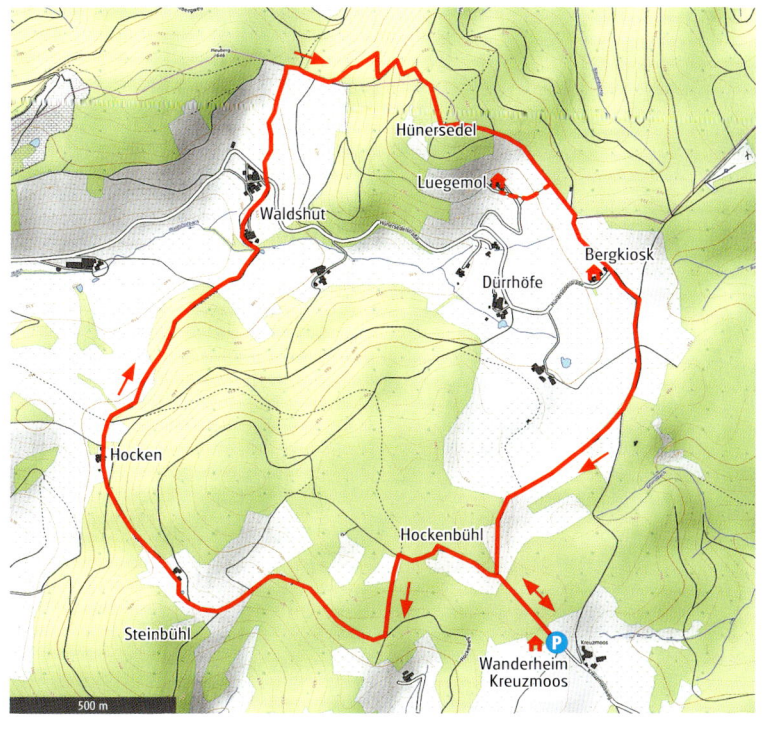

Einkehr
Café Luegemol
Hünersedelstraße 9, 79348 Freiamt
Tel. 07645 916 128
www.luegemol-freiamt.de
Top Kuchen, gute badische Küche, mittleres Preissegment. Das freundliche Personal macht den Aufenthalt gemütlich. Besonderes Highlight: Schneeball-Torte.
Bergkiosk Wandertreff
Hünersedelstraße 9, 79348 Freiamt
Tel. 07645 917 46 60
Günstiges Preissegment, legendärer Wurstsalat, großer Spielplatz, super Zwischenstopp für eine Brotzeit.

Wanderheim Kreuzmoos – beliebtes Ausflugsziel und Start unserer Wanderung

Traumhafte Wiese am Steinbühl mit Blick auf die Ortenau

Vor dem immer gut besuchten Wanderheim genießen wir die traumhafte Aussicht zum Kandel und Rohrhardsberg, bevor wir uns auf den breiten Feldweg vom Wanderheim Richtung Hünersedel begeben. Hier kommt man sich auf den ersten ca. 100 Metern vor wie auf einer Autobahn. Einsamkeit ist Fehlanzeige. Das ändert sich jedoch bereits an der nächsten Abzweigung, bei der wir die Richtung »Hockenbühl 0,6 km/Brettental 4 km« einschlagen.

Von hier ab geht es weiter entlang einer artenreichen Hochmoorwiese, einem traumhaften Schmetterlingsparadies, bis in den Wald. Über schmale Wege gehen wir der gelben Raute Richtung »Brettental« nach, bis wir rechts an eine große Wiese gelangen. Minütlich steigert sich der wunderbare Ausblick, bis der Hauptweg Richtung »Hocken« (blaue Raute) an einer perfekt gelegenen Bank eine Rechtskurve macht. Hier am **Steinbühl** halten wir einige Minuten inne und genießen die Sicht ins Brettental, in die Ortenau und zu den Vogesen.

Leider lässt sich auch hier ein negativer Trend beobachten: Alte Höfe, meist idyllisch gelegen, werden in Wohnhäuser oder Feriendomizile umgewandelt, da sich Landwirtschaft im Schwarzwald in den Höhenlagen nicht mehr lohnt.

Waldshut vor dem Hünersedel

Wir folgen dem Weg am Froschweiher vorbei, der vor dem umgebauten Hof, den wir passieren, in ein schmales Teersträßchen übergeht. Nach ca. 50 Metern am Wegweiser Richtung »Brettentaler Eck 2,4 km/Heiberich 1,5 km« halten wir uns treu geradeaus (auf keinen Fall die Hünersedel-Tour rechts nehmen) und werden erst mit schattigem Wald, dann mit schönen Ausblicken zum Hünersedel und hinunter ins Brettental verwöhnt. Selbst bei gutem Wetter ist hier wenig los.

Blick zurück übers Brettental von unserer Liegebank aus

An den beiden Biohöfen in **Waldshut** vorbei mündet der Hocke Weg in die kreuzende Straße Richtung »Bergkiosk/Rotzeleck/Luegemol«. Wir queren diese und laufen geradeaus den Feldweg auf der anderen Seite steil aufwärts, bis wir auf der Höhe dem querenden Pfad rechts folgen. 50 Meter nach dem Wegweiser Richtung »Hünersedel 0,8 km/Kreuzmoos 3,5 km« ist auf der linken Seite eine Liegebank, die man sich gönnen sollte. Nicht nur, dass sie im Schatten sich perfekt zur Brotzeit eignet, sie bietet auch einen mystischen Blick übers Brettental bis nach Emmendingen und zu den Vogesen.

Urwaldpfad hoch zum Hünersedel

Schöne Ausblicke ins Schuttertal

28,7 m ragt der Hünersedel in die Höhe und garantiert Fernsicht vom Feinsten.

Jetzt haben wir die Wahl zwischen Abenteuer oder Bequemlichkeit: Zehn Meter weiter aufwärts zweigt links bei einer Bank ein schmaler Waldpfad ab, der mit blauer Raute und dem Hinweis Hünersedel versehen ist. Das ist die abenteuerliche, aber steile Version des Weges, die eine gewisse Trittsicherheit erfordert. Diesen Weg gehen wir. Den breiten geradeaus nehmen die Bequemen.

Zunächst mutet der Pfad wie ein verwachsener Jungleweg an, er wird aber mit zunehmender Höhe lichter – wenn auch nicht breiter. Wichtig ist: Immer der blauen Raute folgen, dann eröffnen sich traumhafte Blicke über das Schuttertal und Schweighausen.

Schließlich ist der große Anstieg vorbei, und der Pfad mündet in einen breiten Wanderweg, dem wir links bis zum Aussichtsturm am **Hünersedel** folgen. Dort angekommen, kann man an einer Grillstelle und verschiedenen Sitzgelegenheiten auch schon unten am Turm die Aussicht gen Emmendingen und Freiburg genießen, bei klarer Sicht bis in die Vogesen und die Schweizer Alpen.

Die Besteigung des 28,7 Meter hohen Dreiecksturmes, der von Douglasienstämmen gehalten wird, ist nur etwas für Leute ohne Höhenangst und Schwindelgefühl. Diese werden mit einem der schönsten Rundumblicke im Schwarzwald belohnt.

Vom Hünersedelturm: Blick Richtung Freiburg und Vogesen (links) und Richtung Ortenau (rechts)

Bereits um 1900 war der Hünersedel unbewaldet und für seine geniale Aussicht bekannt. Der Berg war lange eine Viehweide. Während des Ersten und des Zweiten Weltkrieges wurde diese Nutzung aufgegeben. Der Wald gewann die Oberhand. Im Zweiten Weltkrieg wurde auf dem Hünersedel ein Vermessungstool errichtet und aufgrund der überlieferten Erzählungen der älteren Mitbürger bis ca. 1950 als Geheimtipp für den perfekten Aussichtspunkt gehandelt, dann wurde der Turm abgerissen. Im Jahr 2004 baute die Gemeinde Freiamt schließlich den Hünersedelturm und seitdem ist die Rundum-Aussicht wieder hergestellt.

Abzweigung zum Café Luegemol, traumhafter Blick übers Brettental

Nachdem wir unten angekommen sind, lassen wir die Ankele Hütte links liegen und gehen den breiten Waldweg Richtung »Dürrhöfe 0,8 km/Wanderheim Kreuzmoos 2,2 km« steil den Berg hinunter. Ab hier laufen wir gefühlt wieder auf einer Wander-Autobahn. Mit dem Waldende geht der breite Feldweg nach einer Schranke und einer Sitzbank zur Rechten auf freies Feld und entlang der Hochebene an artenreichen Wiesen vorbei. Ca. 100 Meter nach der Schranke lohnt sich ein Abstecher (ca. 50 Meter) zum **Gasthaus Luegemol**. Dieses überzeugt mit sehr gutem Kuchen, Torten und einem soliden Preissegment, das im Gegensatz zu mancher Schauinsland Gaststätte für Familien finanzierbar ist. Interessant sind die Schilder mit dem »Knigge für Wanderer«, der zum einen auf die lokale Bedeutsamkeit der Landwirtschaft aufmerksam macht, zum anderen vor Landmaschinen warnt und verdeutlicht, dass die Wiesen kein Hundeklo sind. Schade, dass das Verständnis dafür bei vielen Wanderern fehlt.

Bergkiosk: beliebter Biker-Treff mit legendärem Wurstsalat

Zurück auf dem Hauptweg geht es geradeaus bis zum **Bergkiosk am Rotzeleck**. Wer schon wieder Hunger verspürt, kann sich einen legendären Wurstsalat gönnen und die Kinder auf den großen Schaukeln ihren Spaß haben lassen. Wenn man Glück hat, trifft man hier auf eine Ferrari- oder Harley-Kolonne und hat eine private Show inklusive.

Nach dem Kiosk geht es links der Teerstraße in Richtung »Wanderheim Kreuzmoos 1,6 km«, am Parkplatz vorbei, immer dem Wegweiser folgend, über eine große Wiese zum Ausgangspunkt und Wanderheim zurück.

Kurz vor dem Wanderheim und Ausgangspunkt: Blick zurück Richtung Hünersedel

27 BIEDERBACH – BÄRENECKLE – SELBIG

 8 km

 leicht

 160 Hm

  ✓

 30 Min.

 —

Auf dem Bergrücken sehen wir wie die Könige übers Land …

 Käsesahne und Streuselkuchen im Bäreneckle versüßen die Wegstrecke.

 Für knackige Anstiege entschädigen lange flache Passagen.

Ausgangspunkt: Wanderparkplatz Biederbach-Ort

Anfahrt ab Freiburg

B294 Richtung Waldkirch/Freudenstadt, vor dem Ortseingang Elzach links Richtung Biederbach abbiegen, am Wanderparkplatz Biederbach-Dorf, in der Nähe des Gasthofes Dorfmühle, parken.

Einkehr

Zum Bäreneckle
Selbigweg 17, 79215 Biederbach
Tel. 07682 83 58
www.baereneckle.fewo.ag
Ein Juwel unter den Gaststätten. Gemütliche Atmosphäre, hervorragende, selbstgemachte Kuchen, super regionale Küche. Mittleres Preissegment.

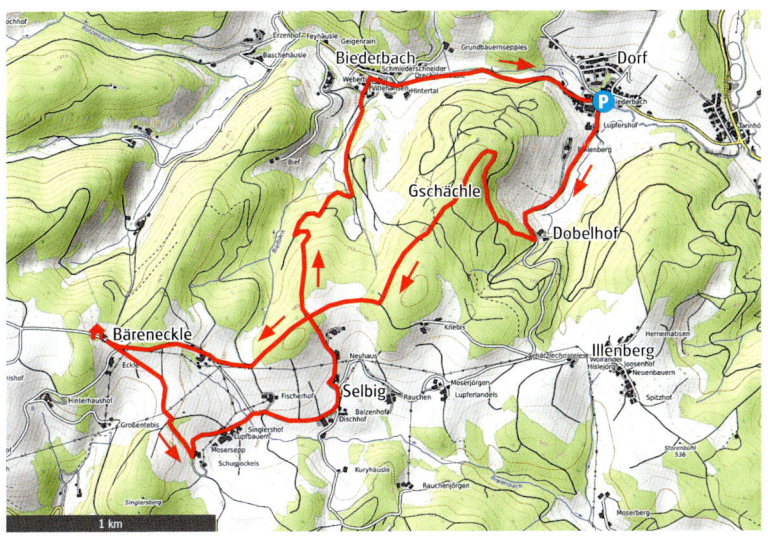

Das Auto geparkt, gehen wir die Teerstraße am Wanderparkplatz geradeaus Richtung »Selbig 1,5 km« aufwärts, bis wir den **Dobelhof** erreichen.
Gleich nach dem Hof können wir uns auf einer Aussichtsbank nach einer Kurve, rechts oberhalb der Straße von den ersten

Schräg gegenüber vom Dobelhof geht es rechts nach oben in den Wald.

Strapazen des kurzen Aufstieges erholen. Gestärkt gehen wir den Weg kurz vor unserer Bank in den Wald hinauf, bis wir zu einer querenden Waldstraße kommen. Dort halten wir uns rechts und bei der nächsten Wegabzweigung nach links immer bergauf. Unterwegs ergibt sich zwischen den Bäumen der eine oder andere Talblick zu den gegenüberliegenden Bergen.

Wir bleiben auf dem teils verwachsenen und schwer erkennbaren Waldweg, den wir, sobald die Höhe erreicht ist, immer geradeaus folgen, bis wir auf einen breiten Wanderweg mit gelber Raute treffen. Hier folgen wir links der gelben Raute, bis der Weg wiederum auf eine noch breitere Waldstraße, von links kommend, mündet. Ein großes Hinweisschild weist uns den Weg Richtung »Bäreneckle 1,8 km«. Sobald wir aus dem Wald heraus sind, überrascht uns ein Aussichts-Highlight nach dem anderen: Den Feldweg am Kreuzgang entlang und später auf der Teerstraße begleitet uns der Blick aufs Kandelmassiv und die Simonswälder Berge.

Wir folgen der blauen Raute über die Teerstraße ca. einen Kilometer bis zum **Bäreneckle**. Man muss Glück haben, um einen Platz in dem beliebten Gasthaus zu ergattern. Die feine Auswahl reicht von Kuchenkreationen der Extraklasse bis zum genialen Rumpsteak vom heimischen Rind. Das Preissegment ist durchschnittlich, geschmacklich spielt das Bäreneckle in der oberen Liga.

Nach der kulinarischen Pause gehen wir ca. 100 Meter den Weg zurück, den wir gekommen sind und schlagen am Aussichtspunkt **Eckle** die Richtung »Rundweg Selbig/Kreuzeckle Tour« ein.

Der anfangs verwachsene Weg geht in einen traumhaften Panoramaweg mit Blick auf das Kandelmassiv über.

Das beliebte Gasthaus Bäreneckle mit hervorragenden Kuchen

Besser geht es kaum: Der Blick vom Eckle hinüber zum Kandel

Selbig Rundweg: Blick auf Selbig

In Selbig geht es links oberhalb der Bushaltestelle an den Häusern vorbei.

Vom Eckle über den Singles Berg begleitet uns die perfekte Panoramasicht auf die umliegenden Berge. Wir folgen dabei zunächst der gelben Raute (Kreuzeckle Tour) und dann dem Wegweiser »Selbig Rundweg« bis **Selbig**.

In Selbig angekommen, queren wir die Straße Richtung »Elzach« und gehen links oberhalb der Bushaltestelle auf der schmalen Straße geradeaus an den Höfen vorbei den Hang

Bevor wir wieder in den Wald kommen, noch ein letzter Blick zurück ins Elztal.

RUND UM DAS ELZTAL

Das Hintertal – wir nähern uns wieder Biederbach.

Unten an der Breitmatte angekommen, laufen wir die Teerstraße Richtung Biederbach.

Historische Mühle vor dem Gasthaus Dorfmühle, gleich am Parkplatz

hoch. Der Wegweiser Richtung »Biederbach Dorf 3,5 km« bestätigt uns, dass wir richtig sind. Kurz danach kreuzen wir den Weg, den wir bereits vom Hinweg Richtung Bäreneckle kennen, und laufen weiter auf der anderen Seite des Weges Richtung »Hintertal/Biederbach Dorf« den **Gschächleweg** (gelbe Raute) hinunter. Wir halten uns immer an den breiten Waldweg und kommen nach ca. 45 Minuten an einen Spielplatz im **Hintertal**. Links, am Spielplatz vorbei, gehen wir die Breitmatten Straße bis zur Hintertalstraße, wo uns die Markierung »Biederbach Dorf 1,2 km/historischer Pfad« den richtigen Weg zum Wanderparkplatz weist. Unterwegs erfahren wir Geschichtliches über den Haeringerhof, die Gehrigmühle oder die Kapelle des St. Martin: Drei Bauwerke, die das Hintertal und Biederbach entscheidend geprägt haben.

YACH – SIEBENFELSEN – SCHWEDENSCHANZE

Fernsicht und Felsenturm zum Staunen ...

 Wandern auf dem historischen Wälderpfad.

 Mystisches Steindenkmal Siebenfelsen als ideale Fotokulisse.

 Einkehr in der urigen Gaststätte Schwedenschanze und Speckvesper auf dem Schneiderhof.

Ausgangspunkt: Wanderparkplatz am Schneiderhof in Yach/Elzach

 12 km

 mittel

 550 Hm

  ✓

  40 Min.

 —

Anfahrt ab Freiburg

B294 Richtung Waldkirch/Freudenstadt, in Elzach nach Yach abbiegen und die Talstraße bis zum Schneiderhof fahren, dort am Wanderparkplatz das Auto abstellen.

Einkehr

Schneiderhof
Vorderzinken 26, 79215 Elzach
Tel. 07682 8724
www.schneiderhof-yach.de
Eigentlich keine richtige Gaststätte, sondern Vesperstube mit Brotzeitteller und Bio-Speck zum Mitnehmen.

Gasthaus zur Schwedenschanze
Rohrhardsberg, 78136 Schonach
Tel. 07683 263
www.schaenzle.com
Altes Schwarzwälder Gasthaus, gute badische Küche, günstiges Preissegment und gemütliches Ambiente.

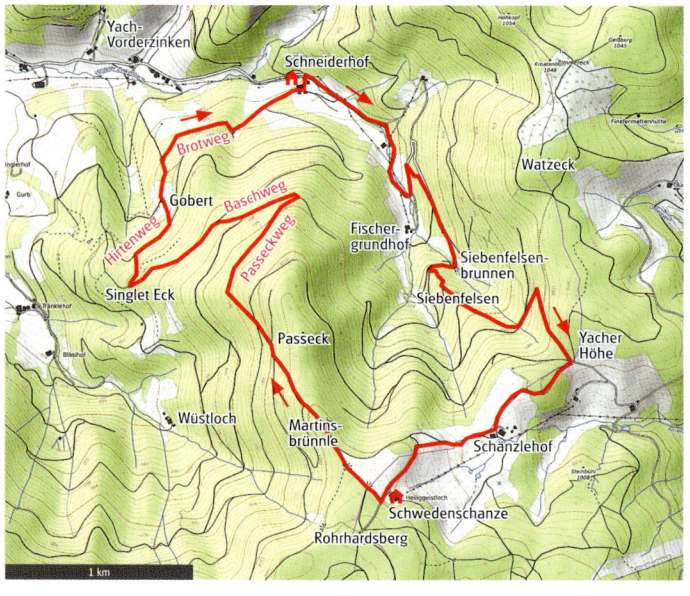

Am Wanderparkplatz Schneiderhof wenden wir uns nach links und gehen das kleine Teersträßchen bergan. Nach ca. 50 Metern erreichen wir einen Wegweiser, an dem wir uns Richtung **»Siebenfelsen 1,6 km/Rohrhardsberg 4,5 km«** halten.

In jedem Fall sollte man sich auf dieser Wanderung die im Schwarzwald selten so ausführlichen Infotafeln durchlesen, die über Natur und Region berichten. Zum Beispiel wird auf die durch intensive Landwirtschaft häufig verschwundenen Nasswiesen hingewiesen, auf denen Pflanzen wie Blutwurz und Sumpfdotterblume wachsen, die inzwischen auf der Roten Liste der vom Aussterben bedrohten Pflanzenarten stehen. In Yach werden Nasswiesen zum Schutz der Umwelt erhalten; das Land Baden-Württemberg fördert diese Maßnahme. Praktisch heißt das, der Mähtermin für die Heuernte ist nach dem 20. Juni, damit die Blühblumen den Insekten Nahrung liefern. Zudem werden keine Gülle oder Mineraldünger ausgebracht. Gemäht wird nicht mit Großmaschinen, sondern mit motorisierten Balkenmähern, die den Boden nicht unnötig verdichten.

Die Teerstraße aufwärts führt links daneben über eine kleine Brücke der Wälderpfad steil nach oben. Den gehen wir nicht, aber er hat eine interessante Historie: Von ihm hing lange Jahre die Entwicklung der gesamten Elzacher Region ab. Seit 1731 bis zum Bau der Talstraße war der Wälder- und Jägerpfad der einzige und lebenswichtige Übergang vom Elztal nach Triberg und Villingen. Nach 1945 wurde er nicht mehr genutzt und verfiel zunehmend. Heute ist er teilweise wieder begehbar.

Wir laufen die Straße weiter entlang. Nach ca. 500 Metern macht die Straße eine scharfe Linkskurve, dieser folgen wir. Geradeaus führt der Weg zum ältesten Bauernhof von Yach, dem Fischergrundhof. Dessen Wurzeln gehen bis ins 13. Jahrhundert zurück, was auch an seiner denkmalgeschützten Felsbauweise aus Flusssteinen gut sichtbar ist.

Nach der Kurve treffen wir auf einen Wegweiser, an dem wir uns Richtung »Siebenfelsen 1,0 km/Rohrhardsberg 4,0 km« halten. Von nun an befinden wir uns auf dem restaurierten **Wälderpfad**, der vermuten lässt, dass die frühere Wegbegehung mit

Weg nach oben an Nasswiesen mit seltenen Blumen

Historisches Wasserrad zur Stromgewinnung

Geschützte Pflanzen säumen den Weg

Der Wälderpfad war eine sehr wichtige, historische Nord-/Südverbindung des Elztales.

Der Fischergrundhof, ein imposantes Baudenkmal aus Flusssteinen

der heute ausgestrahlten Romantik wenig zu tun hatte. Unterwegs informieren Hinweistafeln über die Besonderheiten der Region. So lernt man, dass Yach vom 19. Jahrhundert bis zum Zweiten Weltkrieg ein Zentrum der Steinhauerei war. Steinklopfen für die Wegbefestigung (die Vorstufe des Straßenbaus) und Köhlerei spielten eine Rolle in Yach. Nebenbei erfahren wir, wie Waldhonig ohne Bienen hergestellt werden kann: Frische Weißtannen und Fichtentriebe mit Zucker versetzen und kochen. Das Ergebnis schmeckt wie Waldhonig. In Zeiten des Bienensterbens ist das eine gute Alternative.

Nach ca. einem Kilometer mündet der Wälderpfad in eine breite Waldstraße, der wir rechts, der blauen Raute nach, Richtung »Siebenfelsen« folgen. Dabei haben wir einen freien Blick auf den historischen Fischergrundhof. Kurze Zeit später erreichen wir unsere erste Raststelle, den **Siebenfelsenbrunnen**, der das gleichnamige Steindenkmal in klein abbildet.

Wir machen unsere erste Rast am Siebenfelsen-Brunnen.

Siebenfelsen: Das Naturdenkmal wurde schon bei den Kelten als mystische Kultstätte genutzt.

Wir gehen den breiten Waldweg weiter, bis wir in der nächsten Linkskurve einen Baum mit blauer Raute erreichen, die uns links auf einen schmalen Waldpfad führt. Diesen gehen wir in Serpentinen bis zum Steindenkmal **Siebenfelsen** aufwärts. Waren wir bisher noch ziemlich alleine, ist man hier ob der plötzlichen Massen an Menschen ziemlich erstaunt – 800 Meter über dem Meeresspiegel.

Yacher Höhe

Siebenfelsen: Der Name bezieht sich auf sieben aufeinander liegende, riesige Granitbrocken. Die geologische Spezialkarte des Großherzogtums Baden vermerkt dazu: »Seit Anfang des 20. Jahrhunderts (1905) gilt der Siebenfelsen als Grenzstein nach einer Hofteilung Höllhof/Fischergrundhof und als einmaliges Naturdenkmal. Inwieweit er bei den Kelten als mystische Kultstätte verwendet wurde, liegt im Bereich der Spekulationen und wurde bis heute nicht erforscht.«

Blick von der Yacher Höhe Richtung Elztal

Nach zahlreichen Kletterversuchen und Posing-Fotos folgen wir der blauen Raute an dem schmalen Weg gegenüber dem Siebenfelsen. Wir gehen so lange durch den Wald, bis wir kurz nach einer Linkskurve eine Wegteilung erreichen, und laufen dann den schmalen Weg (blaue Raute) rechts aufwärts, bis wir auf einen querenden Weg mit großem Wegweiser treffen. Wir halten uns Richtung »Rohrhardsberg 2,0 km/Schänzlehof 2,2 km«. Der Waldweg endet an einer querenden, geteerten Straße, an der **Yacher Höhe**, die heutige Grenze zwischen dem Kreis Emmendingen und dem Schwarzwald-Baar-Kreis. Im 13. Jahrhundert war dies die Grenze zwischen der Gemarkung des Klosters St. Margarethen in Waldkirch und Triberg.

Am Wegweiser orientieren wir uns Richtung »Gasthaus Schwedenschanze 1,5 km/Rohrhardsberg 1,6 km« und gehen entweder der geteerten Straße nach, die sich genau am Grat entlang zieht, oder nach rechts den mit blauer Raute markierten Yacher Höhenweg durch den Wald. Die Wege führen kurz vor dem **Schänzlehof** zusammen. Von hier aus ist schon die Schwedenschanze sichtbar, das wahrscheinlich älteste, noch aktive Gasthaus im Schwarzwald. Genau da wollen wir hin, um Brotzeit zu machen. Die **Schwedenschanze** bietet nicht nur eine perfekte

Berggasthof Schwedenschanze mit liebevoll geschnitzter Gaststube

RUND UM DAS ELZTAL

Beeindruckendes Panorama vom Rohrhardsberg

Am Martinsbrünnle kann man mit Quellwasser seine Flasche auffüllen

Kurz nach dem Singlet Eck: Blick ins Elztal

Aussicht, einen wunderschönen Biergarten und eine reich verzierte, hölzerne Gaststube, sondern auch noch gutes Essen und Kuchen zu vernünftigen Preisen – für ein beliebtes Ausflugsziel eher selten.

Wir halten uns nach der Pause zunächst links an den Wegweiser Richtung »Passeck/Yach 10 km/Elztal 6,5 km« und folgen kurz danach der Markierung Richtung »Yach 6 km/Elzach 9 km/Martinsbrünnle 1,0 km« den Weg zwischen Wald und Wiese entlang.

Noch ein letzter Blick ins Elztal, bevor wir dem Wegweiser Richtung »Yach 5 km« in den Wald hinein folgen. An einem großen Windrad vorbei geht es steil gerade abwärts, einen zum Teil fast zugewachsenen Weg entlang bis zum **Martinsbrünnle**. Der Pfad mündet in einen breiten, von links kommenden Waldweg, den Passeckweg. Die Wegweiser nach »Yach« und «Elzach» zeigen uns: Wir sind richtig. Diesen breiten Waldweg laufen wir nach rechts ca. einen Kilometer, bis er in einer spitzen Linkskurve in den Baschweg übergeht.

Achtung: Immer auf dem breiten Hauptweg bleiben und nicht von irgendwelchen Abzweigungen irritieren lassen, auch nicht von der Abzweigung »Russhaldeweg/Vesperstube« (nach rechts). Wir laufen geradeaus bis zum **Singlet Eck**, einer Wegkreuzung mit großem Wegweiser. Dort wartet rechts eine

schöne Bank auf uns. Wir nehmen den Weg rechts davon, bis uns nach ca. 20 Metern die Markierung **»Brotweg/Hirtenweg«** (gelbe Raute) die Richtung nach links zeigt. Diesem Pfad folgen wir, bis er auf eine breite, von unten kommende Waldstraße mündet. Hier wenden wir uns nach rechts, gehen die Straße leicht bergauf, bis wir an eine perfekt gelegene Bank vor einer steil abfallenden Weide kommen. Bei bester Aussicht Richtung Elzach und Ortenau werden wir durch den aufgerüsteten Weidezaun daran erinnert, dass im Gebiet der Wolf sein Unwesen treibt. Zugleich können wir unser Wissen zum Thema Brot und ideales Feuerholz (Buche) an Infotafeln auffrischen.

Nach der Rast biegen wir zehn Meter weiter, vor einem Naturschutzgebiet-Schild, links von der Straße auf den Weg ab, der an der Weide entlangführt. Kurz nachdem wir den Wald erreicht haben, geht links ein Pfad von dem breiten Weg ab – mit »Hirten- und Brotweg« gekennzeichnet. Dieser geht erst links den Berg hinunter, bis er sich nach einer spitzen Rechtskurve ziemlich gerade und eben durch den Wald windet. Hier gilt wieder: nicht irritieren lassen, auf der Höhe bleiben und den Wegweisern »Hirtenweg/Brotweg« folgen, bis der Weg schließlich am Schneiderhof herauskommt. Wer jetzt Hunger bekommen hat, kann diesen dort mit einem Schwarzwälder Vesper stillen. Andernfalls sollte man sich vor der Heimfahrt in jedem Fall noch ein paar Bio-Eier und Speck einpacken lassen.

Der Brotweg bietet immer wieder traumhafte Aussichten Richtung Yach und ins Elztal.

Schneiderhof ist keine richtige Gaststätte, dafür schmeckt das Vesper um so besser. Speck zum Mitnehmen nicht vergessen.

29
BODENHÄUSLE – GSCHASIFELSEN – WOLFSGRUBENHÜTTE

 6,5 km

 mittel

 320 Hm

  ✓

 40 Min.

 —

Steile Pfade führen zum mythischen Gschasifelsen ...

 Aufstiege werden mit Fernsichten belohnt.

 Vorfreude auf hausgemachten Kuchen im Café Bodenhäusle versüßen die Tour.

Ausgangspunkt: Wanderparkplatz unterhalb des Cafés Bodenhäusle/Elzach, Ortsteil Reichenbach

Anfahrt ab Freiburg
B294 Richtung Waldkirch/Freudenstadt, Ausfahrt Reichenbach, bis zum Talende fahren und am Wanderparkplatz (Wegweiser «Bodenhäusle 0,8 km«) das Auto abstellen.

Einkehr
Café Bodenhäusle
Reichenbach 38, 79215 Elzach
Tel. 07682 920 32 46
Einsam gelegen, gute regionale Küche, schöne Aussicht übers Elztal, feine, hausgemachte Kuchen.

Wir beginnen den Weg, indem wir die schmale Teerstraße Richtung »Bodenhäusle 0,8 km/Sattelecke 1,0 km« steil aufwärts laufen. Eine Parkmöglichkeit besteht zwar auch am Café Bodenhäusle, allerdings nur für Gäste. Schon nach wenigen Metern lohnt es sich, kurz innezuhalten, da sich ein schöner Blick über Elzach und Winden bietet. Nach stark ansteigenden ca. 800 Metern teilt sich der Weg und gibt links den Blick auf das Café Bodenhäusle frei. Wir gehen den breiten, steinigen Wald-

Café Bodenhäusle, traumhaft gelegen

Immer wieder schöne Blicke übers Elztal bis in die Vogesen

Die Wolfsgrubenhütte bietet sich zur Rast an.

Weiter geht es auf schmalem Pfad zum Gschasifelsen.

weg Richtung »Sattelecke 0,4 km/Wolfsgrubenhütte 1,8 km« der gelben Raute folgend steil bergauf, bis wir die Sattelhöhe erreichen und unser Weg in eine breite Waldstraße von links, die sich zur Rechten teilt, mündet. An der rechten Gabelung ist ein Wegweiser, der zeigt, dass wir auf dem richtigen Weg Richtung »Wolfsgrubenhütte 1,5 km/Gschasifelsen 1,8 km« sind. Wir gehen die breite Waldstraße weiter mit ordentlich Steigung aufwärts. Nach ca. 200 Metern haben wir eine geniale Fernsicht übers Elztal bis zu die Vogesen. Noch geht es steil nach oben. Wir halten uns immer an den Hauptweg und die gelbe Raute (auch wenn zahlreiche kleine Waldsträßchen links und rechts abzweigen), bis wir eine 90 Grad Linkskurve erreichen. Die breite Waldstraße macht eine Biegung und wird deutlich schmaler. Inzwischen haben wir erheblich an Höhe gewonnen, und es geht nur noch leicht aufwärts, an großen Felsformationen vorbei. Wir nehmen keinesfalls die Abzweigung nach rechts unten, sondern bleiben auf dem Waldweg geradeaus, bis wir nach einer Linkskurve schließlich die **Wolfsgrubenhütte** sehen. Eine schöne Schutzhütte mit Grillstelle, Tischen und Bänken. Faszinierend ist – da wir ja bisher fast alleine gelaufen sind – wie viele Leute hier zusammentreffen, wenn man bedenkt, dass der Rest des Weges wieder ziemlich einsam verläuft.

Doch zunächst mal ist nach den Strapazen des Aufstiegs eine ausführliche Ruhe- und Trinkpause angesagt. Danach folgen wir vor der Hütte links dem Wegweiser Richtung »Gschasifelsen 0,4 km«. Nach ca. 20 Metern teilt sich der Waldweg, wir orientieren uns an dem Holzschild »Gschasifelsen« nach links und befinden uns auf einem Pfad, den wir, immer nach oben gewandt, bis zum **Gschasifelsen** nicht mehr verlassen.

Oben angekommen, bietet sich ein phänomenaler Ausblick über das Kandelmassiv, den Kaiserstuhl, die Vogesen und den Oberrhein bis über das Elztal in die Ortenau. Viele werden sich von dem Blick lange nicht losreißen können – genau dafür sind in und vor der Schutzhütte genügend Sitzmöglichkeiten. Irgendwann ist leider doch die Zeit des Aufbruchs gekommen. Wir gehen den schmalen Pfad (blaue Raute) geradeaus weiter, bis nach einer Lichtung und ca. 20 Meter nach dem Baum mit der blauen Raute der schmale Weg wieder in dichten Wald führt. Hier biegen wir **vorher** links auf einen neu angelegten Waldweg ab (rote Markierung) und gehen diesen am Waldrand entlang ca. 50 Meter abwärts, bis er rechts in eine leicht nach unten führende Waldstraße mündet. Dieser folgen wir abwärts, bis sie in eine von rechts kommende, eben verlaufende Waldstraße mündet. Dort angekommen, wenden wir uns im spitzen Winkel nach links und erreichen nach ca. 200 Metern einen Hochsitz mit exponierter Aussicht.

Eigentlich könnte man beim Hochsitz eine Sackgasse vermuten, doch weit gefehlt: Wir gehen die Straße geradeaus weiter und kommen leicht rechts gewandt auf einen breiten, verwachsenen Waldweg, der nach ca. 50 Metern geradeaus in einen schmalen, verwachsenen Pfad übergeht. Wir halten uns immer an die rote Markierung und folgen dem gut erkennbaren, teils

Geniale Fernsicht vom Gschasifelsen über den Kandel bis in die Vogesen und den Kaiserstuhl

Schutzhütte am Gschasifelsen

Hochstand in exponierter Lage und Anhaltspunkt für die weitere Wegfindung

von Bäumen blockierten, Weg nach unten. Bis wir auf eine teils zugewucherte Weggabelung treffen, an der links und rechts ein Weg abgeht. Wir halten uns links (rote Markierung) und treffen nach ca. 100 Metern wieder auf den Weg, den wir bereits vom Anfang des Aufstiegs kennen. Von hier ab sind es nur noch wenige Meter bis zum **Bodenhäusle**, bei dem man in jedem Fall einen Zwischenstopp auf dem Weg zum Parkplatz einlegen sollte. Empfehlenswert ist jeder hausgemachte Kuchen.

Weg gefunden? Dann wird man mit bester Sicht über das Elztal belohnt.

Zum Abschluss lassen wir uns im Café Bodenhäusle verwöhnen.

GÜTENBACH – TEICHSCHLUCHT – HINTERECK

Durch die Teichschlucht und den Wäldersteig hinauf ...

 Abenteuerliche Wanderung durch Bannwald mit traumhaften Ausblicken ins Simonswälder Tal und zum Kandel.

 Nur für geübte Wanderer mit trittsicheren Schritten und Kondition!

Ausgangspunkt: *Wanderparkplatz Felsenkeller/Gütenbach*

 7 km

 mittel

 180 Hm

 ✓

 50 Min.

 —

RUND UM DAS ELZTAL

Anfahrt ab Freiburg

B294 Richtung Waldkirch/Freudenstadt, Ausfahrt nach Simonswald/Furtwangen nehmen, auf der L173 durch Simonswald bis Gütenbach fahren, im Ort nach der Brücke rechts Richtung Klärwerk abbiegen, am Wanderparkplatz beim Felsenkeller das Auto abstellen.

Einkehr

Bergvesperstube Hintereck
Hintereck 79, 78148 Gütenbach
Tel. 07723 929 76 00
www.hintereck.de
Urige, abgelegene Vesperstube mit Aussicht auf die Platte und den Kandel.

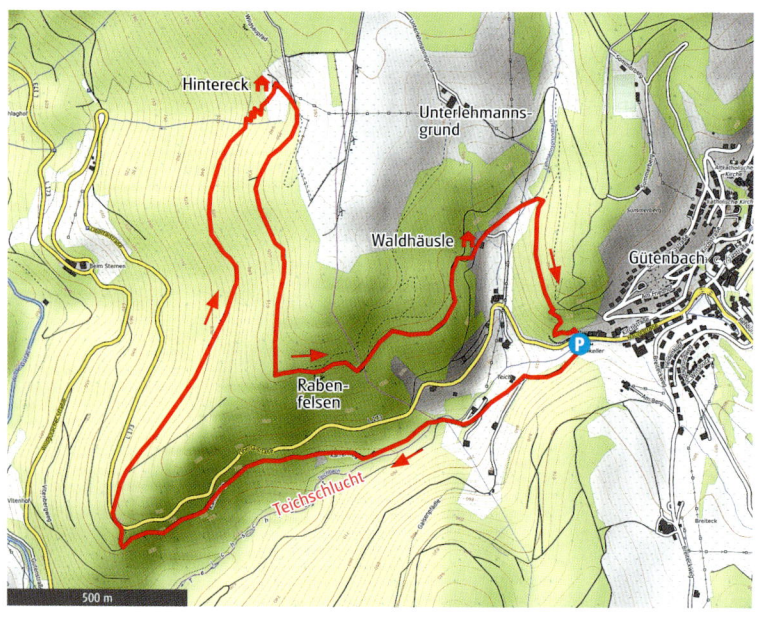

Los geht es über die geteerte Straße Richtung Kläranlage und »Teichschlucht 0,8 km«, die wir nach wenigen Metern erreichen. Leicht die Nase rümpfend, betrachten wir die arbeitenden Klärrechen und bewundern das ausgeklügelte System. Wir lassen die Anlage rechts liegen und folgen der schmalen geteerten Straße, die in einen Waldweg übergeht. Wir passieren den Teichbach über eine Brücke und orientieren uns am Wegweiser »Karrenweg/Hintereck«. Auf schmalem Weg laufen wir, an Gumpen und kleinen Wasserfällen vorbei, den oberen Teil der **Teichschlucht** hinab. Beeindruckende Felsformationen säumen den Weg, bis wir schließlich rund 50 Meter weiter einen senkrecht in die Höhe ragenden Felsblock erreichen. Sofern die Bank darunter frei ist, nutzen wir die einmalige Gelegenheit, vor dieser märchenhaften Kulisse Pause zu machen.

Wir folgen dem »Kläranlagen«-Wegweiser Richtung Teichschlucht.

An dieser Stelle teilt sich auch der Weg: Geradeaus geht es die Schlucht weiter Richtung Simonswald. Wir schlagen den schmalen Bannwaldpfad um den Felsen herum **Richtung »Hintereck 2,4 km/Karrenweg«** ein. Uns begleiten herrliche Ausblicke auf das Simonswälder Tal bis zu den Zweribach-Wasserfällen.

Eingang in die Schlucht

Rauschender Bach zwischen hohen Felswänden

Witzige Baumschnitzereien am Zweitälersteig

Erster Blick auf die Vesperstube Hintereck

Blick Richtung Kandel und Zweribachtal

... sollte man sich nicht entgehen lassen!

Auf dieser Etappe ist Trittsicherheit wichtig: Auf einem schmalen Weg mit zum Teil einer Breite von maximal nur 50 Zentimetern geht es über Geröllfelder und entlang fast senkrecht abfallender Hängen. Wir folgen weiterhin dem Wegweiser »Hintereck«. Beim Passieren der Autostraße müssen wir aufmerksam sein, denn wir überqueren die Straße an einer sehr unübersichtlichen Kurve: Achtung Lebensgefahr! Die Straße gilt als geheime Rennstrecke für Motorradfahrer und Bergrowdys, die Überquerung ist vor allem mit Kindern sehr gefährlich. Die sichere andere Straßenseite erreicht, gehen wir den breiten, schattigen, leicht ansteigenden Waldweg ca. einen Kilometer geradeaus entlang, bis er abrupt endet und in einen breiten Pfad übergeht. Jetzt haben wir es fast geschafft. Fast. Es folgt ein kurzer Abschnitt, der es in sich hat. Dem Wegweiser »Wäldersteig 0,1 km/Hintereck« folgend, geht es sehr anstrengend und sehr steil an verschiedenen, witzigen Baumschnitzereien vorbei, bis vor uns die **Vesperstube Hintereck** auftaucht. Einfach schön.

Schweißgebadet erreichen wir eine der ältesten Hütten im Schwarzwald. Die ersten Erwähnungen sind auf 1602 und 1604 datiert – nach Brand und Neuaufbau konnte das Hintereck 2017 sein 300-jähriges Bestehen feiern. Das Feiern hat hier Tradition, und es ist keinem zu verdenken: Mit Sicht auf das Zweribachtal und den Kandel draußen oder in der gemütlichen Stube kann man ein gediegenes Vesper oder hausgemachte Kuchen genießen. Wenn man Glück hat, werden bei schönem Grillwetter die legendären Hüttenburger vom Lamm, Bison oder Zweitäler Rind angeboten – ein Gaumenschmaus für jeden Fleischliebhaber. Nach ausgiebiger Rast gehen wir den Weg vor der Hütte bis zum Wegweiser aufwärts und biegen rechts auf den breiten, fast ebenen Höhenweg Richtung »Gütenbach 3,5 km« ein.

Diesem folgen wir ca. einen Kilometer bis wir rechts einen umzäunten Aussichtspunkt mit Tisch und Bank erreichen. Umzäunt deswegen, weil der **»Rabenfelsen«** fast senkrecht abfällt. Der ehemalige Brunnen und der Rastplatz erscheinen

Aussichtspunkt Rabenfelsen mit Blick Richtung Zweribach

etwas überarbeitungsbedürftig, dennoch, die Aussicht auf das gegenüberliegende Zweribachtal und das Kandelmassiv ist wunderschön.

Danach wandern wir den leicht abfallenden, breiten Waldweg weiter, bis uns rechts der Wegweiser zur »Vesperstube Waldhäusle« die Richtung anzeigt. Beim **Waldhäusle**, das schon bessere Tage gesehen hat, halten wir uns links, nehmen nicht die Teerstraße, sondern den schmalen Weg Richtung Gütenbach gegenüber der Vesperstube. Kurz darauf kommen wir an eine traumhaft gelegene Sitzbank, von der ein schmaler Pfad wieder auf die von vorher bekannte, breite Waldstraße führt. Wir gehen nach rechts der gelben Raute nach, die nach ca. 200 Metern, unscheinbar auf Augenhöhe an einem Baum angebracht, nach rechts zeigt und uns in einen schmalen, zum Teil durch Geländer abgesicherten, Kletterpfad leitet. Jetzt nochmal die Aussicht über Gütenbach und die Teichschlucht genießen, bis wir quasi im Vorgarten eines Hauses gegenüber dem Parkplatz in Gütenbach herauskommen.

Klettersteig zurück zum Parkplatz

Am Parkplatz Felsenkeller

31

HÖFENER HÜTTE – HINTERWALDKOPF – ROTECK

 5 km

 mittel

 200 Hm

  ✓

 35 Min.

 —

Eine Tour für kreative Pfadfinder …

 Bergkino mit Alpensicht.

 Die Parkplätze an der Höfener Hütte sind begrenzt. Aus Fairness sollte man in der Höfener Hütte einkehren, wenn man den Parkplatz nutzt.

Ausgangspunkt: Höfener Hütte/Falkensteig

Anfahrt ab Freiburg

B31 Richtung Donaueschingen, gleich am Ortsausgang von Falkensteig rechts über ein kleines Brückchen dem Hinweisschild zur Höfener Hütte folgen.

Einkehr

Höfener Hütte
Höfener Hütte 1, 79256 Buchenbach
Tel. 07661 33 24
www.hoefener-huette.de
Solide Hütte, mittleres Preissegment, schöne Aussicht.

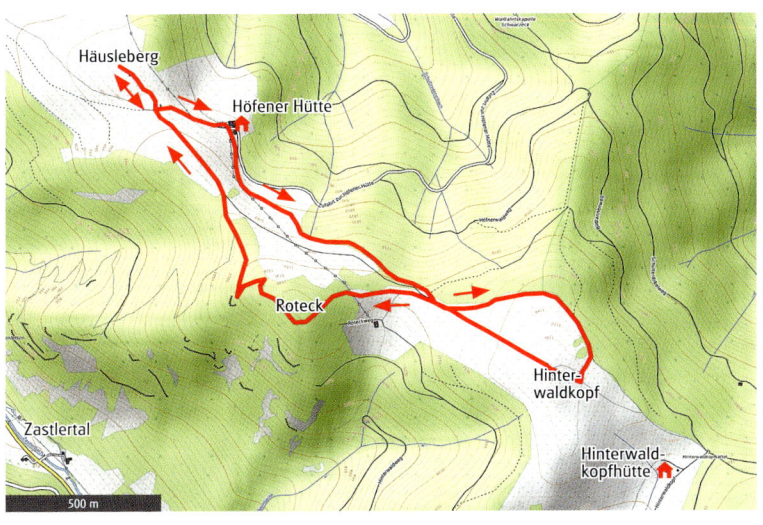

Wir starten an der Höfener Hütte. Direkt hinter der Garage schlagen wir den schmalen Pfad mit dem Wegweiser »Hinterwaldkopf 1,4 km/Rotecksattel 0,8 km« ein.
Nach ca. 100 Meter über eine traumhafte Wiese mit vielen geschützten Blumen, einem Paradies für Schmetterlinge und an vielen Quelltöpfen vorbei, erreichen wir schließlich am Ende der Weide den Wald. Mal abgesehen von der hohen Wande-

Die Höfener Hütte vom Parkplatz aus

Auf dem Weg zum Rotecksattel immer wieder traumhafte Blicke Richtung St. Peter

rer-Frequenz zieht sich der schmale Waldweg über zahlreiche Wurzeln gemächlich hoch bis zum Rotecksattel und gibt zur Linken immer wieder Ausblicke Richtung St. Peter und Stegen frei. Sobald wir aus dem Wald heraustreten, sind wir am **Rotecksattel** angekommen. Hier steht ein Wegweiser Richtung »Hinterwaldkopf 0,4 km/Hinterzarten 9 km«. Inzwischen ist der Wiesenpfad geradeaus zum Hinterwaldkopf an schönen Tagen eine Wanderautobahn. Ein großes Schild zeigt Richtung »Hinterwaldkopfhütte 1,4 km«, das wir ignorieren, denn an heißen Tagen ist die Strecke extrem anstrengend, weil sie in der prallen Sonne verläuft. Wir halten uns links an den breiten Feldweg am Wald entlang und umrunden den Hinterwaldkopf linksherum. Der Vorteil ist, dass dieser Weg wenig genutzt wird, bequem mit geringer Steigung verläuft und wir uns dem **Hinterwaldkopf Gipfel** mit wenig Anstrengung nähern können. Wenn wir Glück haben, sehen wir die eine oder andere Eidechse, die hier zahlreich vorkommen.

Nachdem wir den halben Berg umrundet haben, fällt der Weg steil nach unten ab, und wir schauen auf die Hinterwaldkopfhütte, zu der ein Holzwegweiser zeigt. Daneben ist ein Weg, der rechts den Berg hinauf durch die Kuhweide führt. Diesem folgen wir, immer den Steinkranz des Hinterwaldkopfes im Blick. Nach 10 Minuten haben wir den Gipfel entspannt erreicht und

Die Hinterwaldkopfhütte im Blick biegen wir am Holzwegweiser nach rechts ab.

Ankunft am Hinterwaldkopf Gipfel

können endlich zusammen mit vielen anderen das Bergpanorama genießen.

Schon die Kelten wussten, wo es schön ist: Denn der Hinterwaldkopf war eine keltische Kultstätte. Wer hier steht kann nachvollziehen, warum dieser Gipfel einer der schönsten Aussichtspunkte im Schwarzwald ist: Vom Kandel über St. Peter bis hin zu Schauinsland und Feldberg, alles strahlt bei diesem Rundumblick in voller Pracht. Die Schweizer Alpen und Vogesen setzen bei schönem Wetter das I-Tüpfelchen.

Nach einer ausführlichen Pause umrunden wir den Gipfel und gehen den breiten Wiesenpfad Richtung »Höfener Hütte« wieder bis zum Rotecksattel hinunter. Bis dahin hat man das Roteck (gegenüberliegender Berg) und den Häusleberg (übernächster Berg, unser Ziel) fest im Blick.

Am **Rotecksattel** angekommen, gehen wir nicht den Pfad Richtung »Höfener Hütte« zurück, sondern orientieren uns links Richtung »Roteck«. Wir halten uns an den kleinen, kaum sichtbaren Weg, der am Weidezaun und Grat entlangführt, dabei eröffnen sich noch einmal Blicke Richtung Freiburg aus anderer Perspektive.

Am Ende der Wiese angekommen, laufen wir 20 Meter nach links und stoßen auf den Weg mit der gelben Raute, der gerade hinein in den Bannwald führt. Jetzt beginnt der abenteuerliche

Traumhafte Rundumsicht vom Feldberg bis Freiburg

Weg zurück vom Hinterwaldkopf Richtung Häusleberg, immer Freiburg im Blick

Bannwaldweg über das Roteck mit Blick nach Oberried

und einsame Abschnitt unserer Wanderung, auf dem gutes Schuhwerk und Trittsicherheit gefordert sind.

Wir gehen einen ca. 30 Zentimeter breiten Weg oberhalb des Bannwaldes am Scheibenfelsen rund um das **Roteck**. Den Weg fest unter den Füßen, schauen wir auf den Schauinsland, nach Oberried und ins Zastler Tal bis zu den Vogesen. Wir folgen dem Weg, der sich leicht abfallend an den Hang schmiegt, bis er eine 180 Grad Kurve nach links macht und danach steil abfällt. An dieser Stelle zeigt die gelbe Raute nach links. Wir halten uns aber an den schmalen Pfad geradeaus am Weidezaun entlang, bleiben auf der Höhe und haben den Häusleberg und die Höfener Hütte im Sichtfeld. Da es sich bei dem Pfad um einen aufgelassenen Weg handelt, ist etwas Kreativität bei der Wegfindung notwendig. Der gut sichtbare Pfad geht in einen breiteren Weg über, der allerdings während der Weidesaison innerhalb einer mit Vorsicht zu genießenden Ziegenweide liegt.

Wer darauf keine Lust hat folgt dem Pfad, bis dieser auf einem namenlosen Zwischengipfelplateau zu enden scheint. Jetzt wecken wir unseren Pfadfindergeist: Bereits nach ein paar Schritten weiter nach unten, Richtung Höfener Hütte am Grat und am Zaun entlang, ist der Pfad wieder leicht zu finden.

Abzweigung vom Roteckweg Richtung Höfener Hütte

Weg zum Häusleberg bei bester Sicht

Der Häusleberg überzeugt durch schattige Rückzugsorte bei bester Aussicht Richtung Freiburg.

Weiter am Weidezaun entlang überqueren wir die Wiese rechts am Zaun ca. 50 Meter nach unten und treffen auf den direkten Weg Richtung »Häusleberg«. Diesem folgen wir nach links und gehen gerade auf den gegenüberliegenden **Häusleberg** zu. Dieser besticht durch geniale Ausblicke, und die riesigen Weidebuchen spenden bei heißen Temperaturen erholsamen Schatten. Sobald wir uns an Freiburg satt gesehen haben, laufen wir, die Höfener Hütte fest im Blick, auf einem breiten Weg zu dieser zurück und kehren zum Abschluss dort ein.

Zum Abschluss Vesper in der Höfener Hütte

32 STOLLENBACHER HÜTTE – AHORNKOPF – TOTER MANN

 5,5 km

 leicht

 210 Hm

  ✓

 30 Min.

 —

Von Highlight zu Highlight ...

⇨ Traumhafte Aussicht über Freiburg, Feldberg und Schauinsland.

⇨ Gemütlicher Ausgang der Wanderung in der Stollenbacher Hütte.

Ausgangspunkt: Stollenbacher Hütte/Oberried

Anfahrt ab Freiburg

B31 Richtung Donaueschingen, Ausfahrt Oberried, L126 bis Oberried, weiter auf der Talstraße durchs Zastler Tal, beim Hinweisschild »Stollenbacher Hütte« nach rechts steil den Berg hochfahren und an der Hütte parken.

Einkehr

Stollenbacher Hütte
Stollenbacherstraße 8, 79254 Oberried
Tel. 07661 4519
www.stollenbacherhuette.de
Gemütliche Hütte, gehobenes Preissegment, gute Küche.

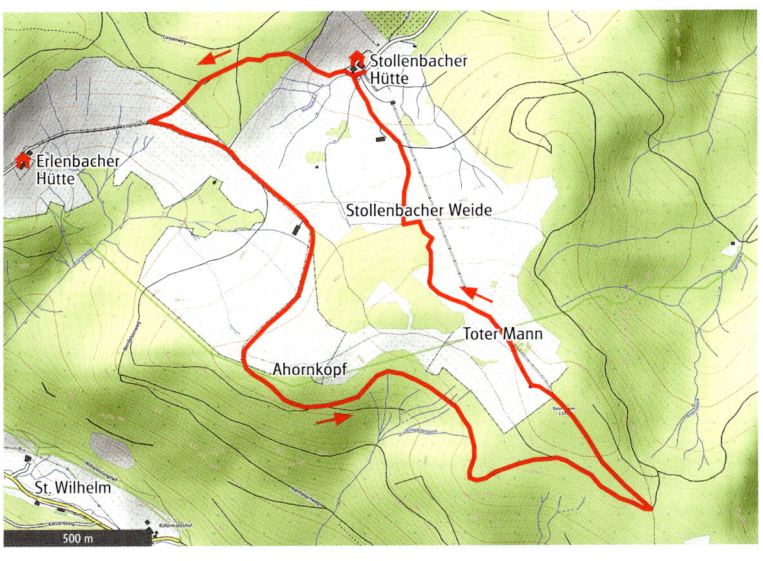

Wir starten an der Stollenbacher Hütte. Nachdem wir uns die schmale Straße bis auf 1092 Höhenmeter hochgekämpft haben, ist die Überraschung groß: Vor der bewirtschafteten und urigen Hütte gibt es einen großen Parkplatz, und wir blicken direkt auf den Skilift Stollenbach. Das Ausflugsziel ist beliebt, daher sind die Parkplätze oft rar.

Stollenbacher Hütte

Blick über die Erlenbacher Weide zur Erlenbacher Hütte

Blick auf den Feldberg auf dem Weg um den Ahornkopf

Links: Auf dem Höhenweg immer wieder beste Sicht zum Schauinsland

Rechts: Gipfelplateau des Toten Mannes

Links neben der Hütte und rechts neben der Infotafel zum Naturschutzgebiet Feldberg geht es über Treppen hoch auf den breiten Wanderweg Richtung »Erlenbacher Hütte«. Wer es romantisch und einsam mag nimmt den schmalen Pfad am Wegweiser, bei dem der Wald anfängt – links zwischen Weide und Wald. Die anderen halten sich an den Wegweiser Richtung »Erlenbacher Hütte 1,2 km/Feldberg 5,5 km« und folgen dem breiten Waldweg. Der Weg zur Rechten grenzt an einen Friedwald (Friedhof im Wald), entsprechend sollte man sich verhalten. Der Waldweg endet an einer Infotafel mit Bank, von der wir den ersten fantastischen Blick über das St. Wilhelmer Tal und den Schauinsland genießen können. Nach kurzer Verweilpause wenden wir uns nach links und folgen dem Wegweiser zum »Toten Mann 1,5 km/Feldberg 5 km« aufwärts, immer den Schauinsland zur Rechten fest im Blick.

Auf dem breiten Feldweg treffen wir auf einige Hinweistafeln, die uns über die unterschiedlichen Rinderrassen auf der Erlenbacher Weide, Quellwasser-Optimierung und die Notwendigkeit der Weidewirtschaft im Hochschwarzwald informieren. Nachdem wir den Hang der **Erlenbacher Weide** überquert haben, gabelt sich in der Linkskurve der Weg. Die gelbe Raute zeigt nach links zur Weide (diesem Weg folgt üblicherweise der Menschenstrom), wir gehen allerdings geradeaus, und es beginnt der einsam schöne Teil des Weges am **Ahornkopf** vorbei. Die nächsten 1,5 Kilometer folgen wir einem nahezu ebenen Waldweg, der Ausblicke auf Stübenwasen, Haldenköpfle und Feldberg freigibt. An heißen Tagen kann man an den zahlreichen Quellen die Wasserflasche auffüllen. Schließlich treffen

Eine der schönsten Bänke im Schwarzwald: perfekte Rundumsicht auf dem Toten Mann

wir nach einer Linkskurve im spitzen Winkel links auf einen Weg mit gelber Raute. Achtung: Diesen nicht nehmen! Er führt zurück zur Erlenbacher Weide. Wir bleiben weiter auf dem Hauptweg, bis wir fast am Grat auf einen Wegweiser stoßen. Dem folgen wir in spitzem Winkel nach links den Berg hoch Richtung **»Stollenbach 3,0 km/Kirchzarten 13 km«**.

Weiter geht es bergauf durch den Wald an riesigen Ameisenhaufen vorbei, bis uns eine Wiese geradezu entgegenleuchtet: die Hochweide am **Toten Mann**. Ein Superlativ löst den nächsten ab, der Rundumblick ist phänomenal: von Kandel, Freiburg, Schauinsland bis hin zum Feldberg. Einfach ausruhen und genießen.

Nach der Rast gehen wir weiter über den Wiesenpfad geradeaus am Weidezaun auf dem Grat entlang, bis der Hang steil nach unten abfällt. Hier halten wir nochmal inne und genießen den Blick über Freiburg, einen schöneren Blick über die Stadt wird man kaum finden. Von da ab befinden wir uns auf der **Stollenbacher Weide**, die wir links neben dem Stollenbachlift steil abwärts laufen, bis sich ca. bei der Hälfte des Skilifts der Pfad teilt, eine Spur nach links, eine nach rechts: Wir nehmen die rechte steil nach unten, immer den Parkplatz im Sichtfeld. Nach 10 Minuten sind wir wieder am Ausgangspunkt angekommen.

Rückweg über die Stollenbacher Weide

33

ST. WILHELMER TAL – FELDBERG – HÜTTENWASEN

 8 km

 mittel

 700 Hm

  ✓

 30 Min.

 –

Gipfeltour zum Feldberg ...

 Steile Anstiege werden mit genialen Fernsichten belohnt.

Vesper in der St. Wilhelmer Hütte und kulinarisches Highlight in der Linde-Napf.

Ausgangspunkt: *Wanderparkplatz gegenüber der Gaststätte Zur Linde-Napf am Ende des St. Wilhelmer Tales/Oberried*

Anfahrt ab Freiburg

B31 Richtung Donaueschingen, Ausfahrt St. Peter/Oberried, auf der L126 Richtung Todtnau, nach ca. acht Kilometer bei der Bushaltestelle links in die Feldbergstraße Richtung St. Wilhelm abbiegen und bis zum Ende des Tals fahren.

Einkehr

Gaststätte Zur Linde-Napf
Feldbergstraße 14, 79254 Oberried
Tell. 07602 94 46 90
www.linde-napf.de

St. Wilhelmer Hütte
Hüttenweg 2, 79868 Feldberg
Tel. 07676 342
www.sankt-wilhelmerhuette.de
Gemütliche Hütte mit mittlerem Preissegment und guter Küche.

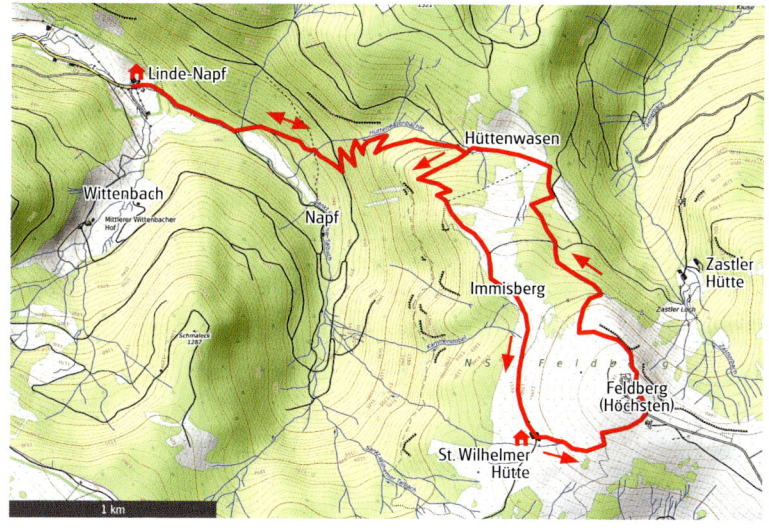

Erfrischungsmöglichkeit am kühlen Bach

Schutzhütte Hüttenwasen

Der Weg erfordert Trittsicherheit.

Am Wanderparkplatz gegenüber der Gaststätte Linde-Napf können wir uns zunächst an den Hinweistafeln über das Naturschutzgebiet Feldberg informieren: Wir erfahren unter anderem, dass der Feldberg dieselbe niedrige Durchschnittstemperatur wie Reykjavik hat und somit mitten im Schwarzwald eine subalpine Fauna- und Tierwelt vorherrscht. Zudem ist der Bannwald rund um den Hüttenwasen und den Feldbergpfad einer der wenigen Rückzugsorte des Auerhuhns.

Vom Parkplatz aus wandern wir die breite Waldstraße am Bach entlang. Nach ca. 500 Metern zweigt ein schmaler, nicht einsehbarer Pfad mit Wegweiser **»Schutzhütte Hüttenwasen 2,2 km/ St. Wilhelmer Hütte 4,4 km«** nach links ab. Als Orientierungshilfe dient die große Wiese links neben dem Bach, von der der Weg abbiegt und den wir ziemlich gerade steil nach oben gehen, bis er die breite Waldstraße Richtung »Hüttenwasen« kreuzt. Unterwegs bieten sich schöne Stellen für eine kurze Rast, um sich bei heißen Temperaturen im kühlen Bach zu erfrischen.

Wir überqueren den breiten Weg und halten uns an die Markierung »Schutzhütte Hüttenwasen 1,2 km« (gelbe Raute). Der Pfad verläuft in Serpentinen steil aufwärts, bis wir an ein flacheres Stück, gleich neben dem Bach, gelangen: Wir haben die erste Etappe fast geschafft. Noch eine Rechts- und eine Linkskurve und wir sind nach einem kurzen geraden Stück an unserem ersten Ziel: der **Schutzhütte Hüttenwasen**. Der Hauptanstieg ist gemeistert! Jetzt heißt es erstmal ausruhen, sich stärken und danach schauen und genießen.

Wir gehen den Pfad, den wir gekommen sind, weiter bis zum Wegweiser »St. Wilhelmer Hütte 2,2 km, Feldberg 3 km«. Dort biegen wir, immer der gelben Raute nach, scharf rechts ab. Jetzt ist Trittsicherheit gefordert. Wir gehen ca. 50 Meter oberhalb des Feldbergpfades, wo sich uns traumhafte Ausblicke über das St. Wilhelmer Tal bis zum Schauinsland bieten.

Sobald der Weg nach den Serpentinen flacher wird, eröffnet sich über eine große Wiese direkt links vom Weg die erste Aussicht auf den Feldberg. Die Gelegenheit sollte man nochmal für

Blick über den Bannwald zum Schauinsland

Chill-Wiese mit Blick auf den Kandel

Kurz vor der St. Wilhelmer Hütte super Sicht zum Schauinsland

eine ausgiebige Pause und vielleicht ein Schläfchen nutzen. Das Panorama Richtung Kandel und Hinterwaldkopf ist phänomenal. Dies ist quasi die Ruhe vor dem Sturm: Sobald wir den schmalen Pfad über das Kammeneck weitergehen, mündet der Weg auf einen breiten Feldweg, der uns, wenn wir nach rechts dem Hinweis »St. Wilhelmer Hütte 0,6 km/Feldberggipfel 1,4 km« folgen, direkt zur **St. Wilhelmer Hütte** führt. Bis dahin geht es vollkommen eben auf einer von zahlreichen anderen Wanderern frequentierten Berg-Autobahn, zumindest erinnert das an eine solche. Sofern man einen Platz in der höchstgelegenen Hütte des Schwarzwaldes (1380 Höhenmeter) findet, kann man den Aufenthalt bei schönem Ausblick genießen. Vom Steak über Vesper bis zu hausgemachten Kuchen ist in dieser Hütte alles zu haben, was das Schlemmerherz begehrt – zu vernünftigen Preisen.

St. Wilhelmer Hütte – die höchstgelegene Hütte im Schwarzwald

Am Feldberggipfel: Sternwarte und Gipfelplattform

Gleich hinter der Hütte folgen wir dem schmalen Weg mit der Markierung »Feldberggipfel 0,4 km« bergaufwärts. An schönen Tagen kann es vorkommen, dass man sich in einer Karawane den Berg hochschiebt.

Nach ca. 200 Metern laufen wir den kreuzenden Weg nach links, um dann nach einer Rechtskurve geradeaus auf den **Feldbergturm** und den Gipfel zuzusteuern.

Am Grat angekommen, orientieren wir uns beim Wegweiser links Richtung »Zastler Hütte 1,8 km/Napf 4,0 km«. Nach wenigen Minuten haben wir die Aussichtsplattform des Feldbergs erreicht. Auch wenn hier immer Betrieb ist, wir müssen verweilen, um den staunenswerten Rundumblick vom höchsten Berg des Schwarzwaldes zu genießen.

Auf den Tafeln ist die ganze Umgebung kartiert, damit fällt die Orientierung leicht. Im Bewusstsein, dass der Feldberg mit 1493 Höhenmetern sicher nicht zu den höchsten Bergen Europas zählt, erfährt man, dass er mit 3,3 Grad Jahresmitteltemperatur jedoch zu den kühlsten Flecken Europas gehört, während der Kaiserstuhl in einer Entfernung von nur 30 Kilometern eines der wärmsten Gebieten Europas ist. Und, obwohl sehr niederschlagsreich, zählt der Feldberg mit ca. 1700 Sonnenstunden zu den sonnenreichsten Gegenden Mitteleuropas, allerdings herrschen extreme Wetterlagen. Durch die schnellen Wetterumschwünge und die kühle Mitteltemperatur hat sich in der Gipfelregion eine einzigartige Tier- und Pflanzenwelt als Relikt der Weidewirtschaft des 19. Jahrhunderts entwickelt. Die Gipfelregion ist bis heute baumfrei.

Wir lassen den runden Turm der Sternwarte links liegen und gehen den schmalen Pfad (gelbe Raute) Richtung »Zastler Hütte 1,8 km/Napf 4 km« in leichter Linkskurve den Hang hinunter. Dann laufen wir den Weidezaun entlang, in unserem Sichtfeld Freiburg, Belchen, Kandel und Schauinsland, bis der Weg einen scharfen Knick nach rechts macht (gelbe Raute) und folgen diesem weiter Richtung Zastler Hütte, bis wir direkt auf eine Wegkreuzung mit großem Wegweiser und steilem Abgrund dahinter gelangen. Rechts geht der steinige Pfad Richtung »Zastler

Vom Feldberg auf der Rückseite abwärts: Blick zum Kandel und in den Nordschwarzwald

Hütte«, die wir schon sehen können. Wir orientieren uns aber Richtung »Hüttenwasen 0,8 km/Napf 3,5 km« und passieren den breiten Waldweg vom **Immisberg** Richtung Zastler Hütte.
Auf der anderen Seite folgen wir unserem schmalen Pfad (gelbe Raute) weiter Richtung Hüttenwasen, bis wir wieder an einen Wegweiser kommen. Wir halten uns wieder Richtung »Schutzhütte Hüttenwasen 0,5 km/Napf 2,5 km« und gehen die Wiese, die durchaus zu einer gemütlichen Vesperpause mit Schläfchen einlädt, links hinunter bis zur **Schutzhütte Hüttenwasen**. Von da ab ist uns der Weg vom Hinweg bekannt, und wir laufen beglückt von den traumhaften Ausblicken die letzten Meter bis zum Auto.

Die Zastlerhütte lassen wir rechts liegen.

Wiese vor dem Hüttenwasen

34 ZASTLER TAL – EISLÖCHER – ZASTLER HÜTTE

 6,5 km

 mittel

 520 Hm

 30 Min.

 —

Sommerfrische in den Eislöchern …

 Ideale Tour zur Abkühlung bei heißen Temperaturen.

 Die Zastler Hütte lockt mit Leckereien auf einer Höhe von 1 262 Metern.

Ausgangspunkt: *Wanderparkplatz Herderhäusle/Oberried*

Anfahrt ab Freiburg

B31 Richtung Donaueschingen, Ausfahrt Oberried/Todtnau, L126 nach Oberried, in Oberried links auf die Talstraße abbiegen, bis zum Ende des Zastler Tals fahren und am Wanderparkplatz Herderhäusle das Auto abstellen.

Einkehr

Zastler Hütte
Zastlerbach, 79868 Oberried
Tel. 07676 244
www.zastler-hütte.de
Eine Schwarzwaldhütte der Superlative: schöne Aussicht, günstige Preise, gutes Vesper mit Waldhaus Radler.

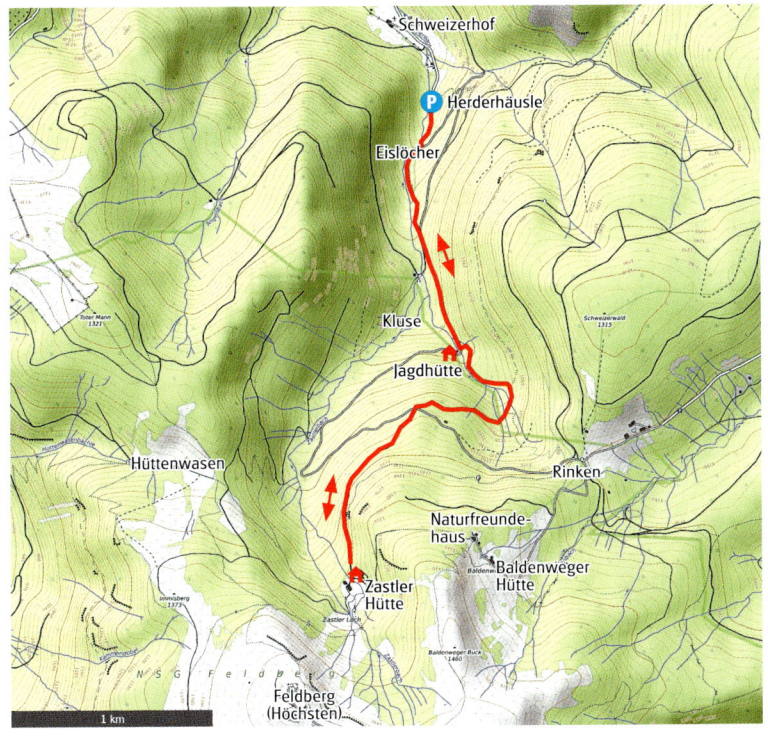

Badespaß in Schwarzwald-Gumpen, es muss nicht immer Korsika sein!

Die Eislöcher – einzigartiges Naturdenkmal

Pilz am Wegrand

Felstor – Ein-/Ausgang zu den Eislöchern

Wir laufen am Wanderparkplatz Herderhäusle die Teerstraße aufwärts. In der ersten Kurve gibt es einen großen Wegweiser, an dem wir uns Richtung »Zastler Hütte 3,0 km/Rinken 3,0 km« halten. Wir gehen auf einem felsigen, schmalen Pfad den Berg mit ordentlich Steigung hinauf. Das Besondere: Wir passieren die sogenannten **Eislöcher**, die es vorwiegend hier und im St. Wilhelmer Tal gibt. Vor Urzeiten haben Felsstürze große Hohlräume im Berg verursacht, in denen sich die schwere, kalte Luft sammelt. Dadurch hält sich das Wintereis häufig bis zum Sommer oder teilweise sogar bis in den Herbst hinein. Die kleinen Felslöcher links vom Weg wurden früher von den Einheimischen gerne als natürliche Kühlschränke genutzt. Heute kann man sich in den Gumpen des Zastler Bachs abkühlen oder sich vor eines der Eislöcher setzen und die kalte Luft genießen. Vielleicht hat der eine oder andere nun keine Lust mehr auf die Wanderung und zieht die einmalige Sommerfrische mit Klimaanlage und Badevergnügen einer Wanderung vor. Es sei ihm gegönnt!

Uns andere führt der Pfad weiter an den Eislöchern vorbei steil aufwärts, bis wir an ein schmales Felsentor gelangen. Wir folgen der Straße gegenüber dem Felsentor (gelbe Raute) den Berg hinauf, bis die Straße eine scharfe Rechtskurve um eine romantisch gelegene Jagdhütte macht. Noch vor der Kurve geht, leicht links geneigt, ein teils verwachsener, schmaler Pfad nach oben (gelbe Raute) und führt auf steinigem Weg an einigen Quellen und Bächen vorbei. Hier ist Trittsicherheit gefordert.

Es ergeben sich immer wieder schöne Ausblicke ins Zastler Tal. Der Pfad mündet schließlich in eine Wegkreuzung, an der uns ein Wegweiser Richtung »Zastler Hütte 1,0 km« (gelbe Raute) und ein großes Holzschild »Zastler Hütte« die Richtung anzeigen. Wir haben es fast geschafft. Nur noch wenige Meter bis zur **Zastler Hütte**, die charmant auf einer dammähnlichen Aufschüttung, einer Endmoräne des ehemaligen Zastler Gletschers, direkt am Abgrund zum Zastler Bach thront.

Wer einen Platz im hinteren Teil des Biergartens unter den Bäumen ergattert, kann sich glücklich schätzen. Der Blick von einer der höchstgelegenen Hütten im Schwarzwald (1262 Höhenmeter) Richtung Freiburg ist wunderschön. Die Hütte ist für die guten Speckeier und ihr Bauernvesper bekannt, dazu passt ein Waldhaus Radler.

Nach einer ausgiebigen Pause geht es den gleichen Weg zurück, den wir gekommen sind. Noch ein letzter Blick auf das vom Gletscher übrig gebliebene Nassbecken, an dem wir mit Glück ein paar Frösche beobachten können, dann geht es auch schon abwärts mit der Vorfreude auf eine kühle Erfrischung am Zastler Bach und den Eislöchern. Kurz danach sind wir wieder am Parkplatz.

Die Zastler Hütte: familienfreundlich, erschwinglich und mit top Sicht

Blick auf den Feldberg von hinten

*Links:
Traumhafte Aussicht vom Biergarten auf den Schauinsland*

*Rechts:
Vom Gletscher übriggeblieben: Nassbecken gegenüber der Zastler Hütte.*

ZASTLER TAL – HINTERWALDKOPF HÜTTE – WINKEL

35

 15 km

 schwer

 420 Hm

  ✓

 30 Min.

 —

Atemberaubende Alpintour ...

⇨ Eislöcher mit Abenteuerfeeling.
⇨ Fantastische Sicht auf das Feldbergmassiv.
⇨ Kletterparts auf vergessenen Bannwaldpfaden.

Ausgangspunkt: Wanderparkplatz Herderhäusle/Oberried

Abfahrt ab Freiburg

B31 Richtung Donaueschingen, Ausfahrt Oberried/Todtnau, L126 nach Oberried, in Oberried links auf die Talstraße abbiegen, bis zum Ende des Zastler Tals fahren und am Wanderparkplatz Herderhäusle das Auto abstellen.

Einkehr

Hinterwaldkopf Hütte
Hinterwaldkopf 1, 79254 Oberried
Tel. 07661 3314
www.hinterwaldkopf-huette.de
Gemütliche Schwarzwaldhütte mit guter Küche und Kuchen, mittleres Preissegment, freundlicher Service.

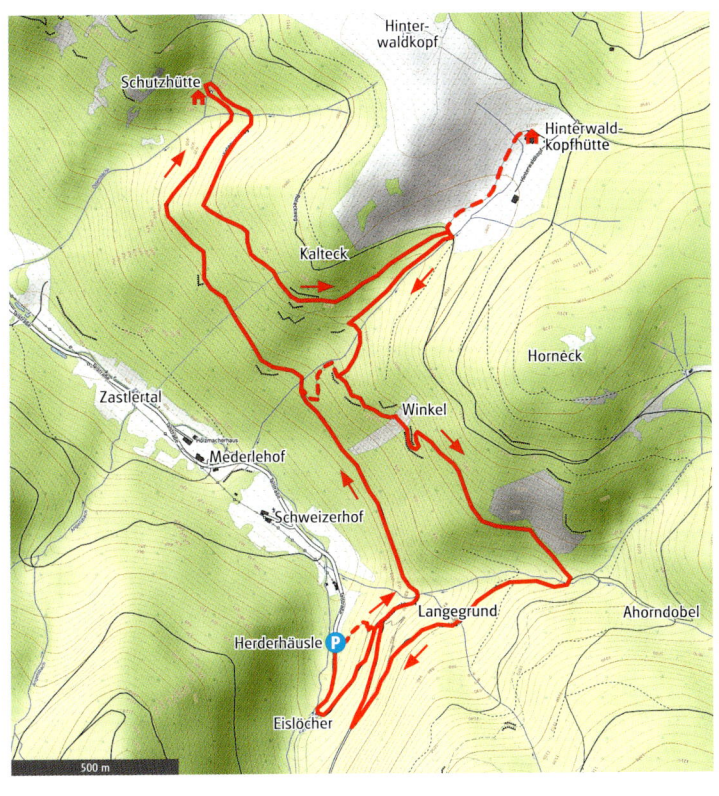

Infotafel am Wanderparkplatz Herderhäusle

Die Eislöcher – relativ unbekanntes Naturdenkmal

Rauschender Langengrundbach

Blick übers Zastler Tal zum Schauinsland

Beim Wanderparkplatz Herderhäusle folgen wir aufwärts der Teerstraße und dem Wegweiser Richtung »Hinterwaldkopf 8 km«. Bereits in der ersten Linkskurve nach ca. 100 Metern treffen wir auf die erste Besonderheit der Wanderung: **Die Eislöcher**. Sie sind eine geologische Besonderheit, die bis in die Eiszeit zurückgeht. Dieses faszinierende Naturschauspiel ist immer einen Besuch wert (siehe auch Tour 34).

Nach diesem kurzen Zwischenstopp geht es die Teerstraße weiter aufwärts, bis sie nach ca. 200 Metern eine Rechtskurve macht. Wir halten uns aber links an den Hinterwaldweg, die ungeteerte, breite Straße Richtung Hinterwaldkopfhütte geradeaus. Schon nach wenigen Metern erreichen wir den Wasserfall des **Langegrund** Baches, danach geht es auf einem breiten Weg gemächlich bergan, bis wir an eine 180 Grad Kurve kommen, in der sich eine gut renovierte Schutzhütte mit Tischen und Bänken zur Rast anbietet. Unterwegs eröffnen sich immer

wieder Ausblicke Richtung Freiburg und die Vogesen. Nach der 180 Grad Kurve – wir folgen der Straße weiter aufwärts – haben wir eine wunderschöne Fernsicht auf die Skyline Toter Mann, Ahornkopf und Feldberg. Jetzt noch eine Rechtskurve und langgezogene Linkskurve und wir sind am **Kalteck** an einer perfekten Ruhebank mit freiem Blick auf Feldberg & Co. angelangt. Innehalten, chillen, schwelgen.

Renovierte Schutzhütte – perfekt für die erste Rast

Danach laufen wir die Straße noch ca. einen Kilometer, bis wir eine Wegkreuzung erreichen. Hier geht der Roteck Weg im 180 Grad Winkel nach links, ein schmaler Pfad Richtung Hinterwaldkopfhütte geradeaus und rechts die Straße weiter Richtung Horneck und Ahorndobel.

Hungrige Wanderer können sich hier für einen Zwischenstopp entscheiden: Sie nehmen den schmalen Pfad geradeaus Richtung **Hinterwaldkopfhütte.** Nach zehn Minuten Weg über eine Kuhweide erreichen sie die Einkehr. Bei schöner Aussicht zum Feldberg können sie dort badische Küche und selbstgemachte Kuchen zu vernünftigen Preisen genießen. Danach geht es bis zur Weggabelung vor der Kuhweide wieder zurück.

Die Bank ist eine Pause wert: freie Sicht auf Feldberg, Toter Mann & Co.

Jetzt beginnt der abenteuerliche Teil der Wanderung, insbesondere für diejenigen, denen der berühmte Feldberg Pfad zu gefährlich und voll ist. Genau in der Kurve gegenüber dem Weg zur Hinterwaldkopfhütte ist ein Bachlauf. Eigentlich führt der Weg direkt rechts den Bachlauf entlang, allerdings ist er, wie viele Bannwald Wege, durch liegende Bäume versperrt. Wir gehen also links vom Bachlauf ca. 10 Meter abwärts und überqueren dann den Bach nach rechts. Ab hier befinden wir uns auf einem gut durch rote Punkte gekennzeichneten Pfad, der überwiegend noch sichtbar ist. Der Rest ist durch ein wenig Fantasie erschließbar. Den besagten Pfad gehen wir auf der rechten Bachseite ziemlich gerade nach unten, bis er nach ca. 500 Meter an einem Baum mit rotem Punkt einen Knick nach links macht. Auf kaum sichtbarem Weg passieren wir den Bachlauf. Auf der anderen Seite folgen wir einem schmalen, teilweise nur ca. 20 Zentimeter breiten Pfad ziemlich eben bis zu einem querliegenden Baum, der links und rechts abgesägt ist. Geradeaus sehen

Genau in der Kurve: Abzweigung links über die Wiese zur Hinterwaldkopfhütte, gegenüber, rechts neben dem Bach, geht es zum Winkel.

Verwachsener, teilweise schwer erkennbarer Bannwaldpfad

Feldbergblick. Am durchgesägten Baum geht es links.

Steiler, gefährlicher Bannwaldweg zum Winkel

wir den Feldberg. Auf der rechten Seite ist ein großer Felsblock mit Pfeil und roter Markierung. Dieser folgen wir nicht, denn dann entginge uns das Schönste, da wir auf dieser Abkürzung traumhafte Ausblicke verpassen würden.

Wir schlagen dagegen den schmalen, links neben dem abgesägten Baum leicht nach oben führenden Pfad ein – den abenteuerlicheren Streckenverlauf. Kaum mehr erkennbar, immer mit roter Markierung, schlängelt sich der Pfad durch umgefallene Bäume, an riesigen Ameisenhaufen vorbei und durch immer steiler werdendes Gelände. Zum Teil müssen wir klettern. Es ist Trittsicherheit und Vorsicht geboten.

Auf der rechten Seite sehen wir zum Feldberg und zum Toten Mann, bis wir zum **Winkel Felsen** kommen: Links türmt sich senkrecht ein 20 Meter hoher Riesenfelsen auf, der Pfad ist hier

Winkelfelsen

Der Weg bleibt abenteuerlich.

nur ca. 50 Zentimeter breit, rechts fällt der Hang steil ab. Für Kinder unter acht Jahren nicht zu empfehlen. Für alle anderen beeindruckend und berauschend.

Nachdem wir ausführlich für Fotos im hochalpinen Gelände im Schwarzwald posiert haben, klettern wir den Pfad rechts neben dem Felsen empor. Kurz danach stoßen wir direkt auf einen Baum mit roter Markierung. Es scheint, als ginge der Weg nicht mehr weiter, doch wir gehen links am Baum vorbei und folgen in Serpentinen ca. 100 Meter dem gut erkennbaren Pfad nach oben, bis er eben wird. Nach ca. 500 Metern geht der Bannwald Pfad in einen etwas breiteren Waldweg über, der schließlich auf eine Waldstraße trifft, hinter der der Langengrundbach in die Tiefe rauscht.

Dieser Straße folgen wir rechts nach unten und genießen die Aussicht über das Zastler Tal, bis wir auf die geteerte Straße des Langengrund Weges treffen. Wir laufen nach rechts abwärts, um nach wenigen Minuten an die bereits bekannte Abzweigung zur Hinterwaldkopfhütte vom Anfang unseres Weges zu gelangen. Dieses Mal gehen wir nicht geradeaus, sondern folgen der geteerten Straße um die Kurve links nach unten. Ca. 20 Meter hinter der Kurve geht kaum sichtbar ein kleiner Pfad ab, der uns direkt wieder zum Wanderparkplatz führt.

Ende des Bannwaldweges mit Feldbergsicht

Blick vom Langengrund übers Zastler Tal in die Vogesen

STAMPF –
BRANDEN RUNDWEG – STAMPFBACHSCHLUCHT

 7 km

 mittel

 250 Hm

 –

 40 Min.

 –

Wasserfall, Wald, Wiesen und Weitblicke …

➪ In der wildromantischen Stampfbachschlucht ist Trittsicherheit gefordert.

➪ Der Weg führt über Viehweiden; Hunde müssen an der Leine geführt werden.

Ausgangspunkt: Wanderparkplatz Stampf am Hinteren Elend/Münstertal

Anfahrt ab Freiburg

Durch Freiburg Günterstal fahren, weiter auf der Schauinslandstraße, hinter der Holzschlägermatte rechts abbiegen Richtung Gießhübel/Münstertal. Beim Gasthaus Gießhübel rechts halten und die K9854 Richtung Münstertal fahren. Im Tal angekommen auf die Straße Richtung Münstertal abbiegen. Nach ca. 1,5 Kilometer bei der Kapelle Spielweg links in die Untere Gasse fahren, diese bis zum Wanderparkplatz am Hinteren Elend folgen, und das Auto dort abstellen.

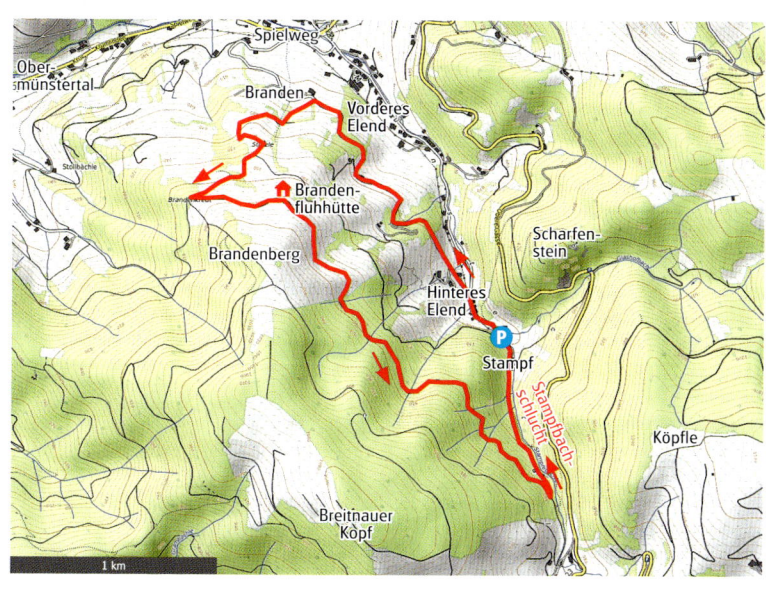

Vom Wanderparkplatz aus laufen wir ca. 100 Meter zurück bis zur Brücke und überqueren diese nach links. Das Holzschild **»Branden Rundweg«** weist uns die Richtung. Wir gehen die schmale Teerstraße leicht ansteigend den Hang hoch. Auf der Höhe angekommen, folgen wir der **Panoramastraße** mit Sicht auf die gegenüberliegenden Berge Schauinsland und Sittener Berg. Das »Wasserhäusle« lassen wir links liegen und folgen der Straße bis zu einem großen Hof direkt rechts an der Straße. Hier

Einstieg zum Brandenrundweg

Blick zur Sonnhalde und Gstihlberg

Gegenüber des Hofes geht es die Brandenweide hoch.

Blick zurück auf den Sittener Berg

Höhenweg an der Brandenfluh Hütte vorbei

Schmaler Pfad in die Stampfbachschlucht

folgen wir gegenüber der gelben Raute Richtung **»Brandenweide«**. Nachdem wir die Hinweistafel zum korrekten Verhalten gegenüber dem Weidevieh gelesen haben, gehen wir den breiten Feldweg steil den Berg aufwärts und genießen dabei den Blick übers Münstertal und die Rheinebene. Ungefähr auf der Hälfte der Strecke nach oben treffen wir auf eine perfekt platzierte Aussichtsbank **»Am Stützle«**, von der aus wir freie Sicht auf den Stutz und den Sittener Berg haben, eine sehr ursprüngliche Region im Münstertal.

Weiter geht es den Berg hoch, bis nach ca. 500 Metern der Weg in einen anderen mündet. Hier halten wir uns scharf links und orientieren uns am Wegweiser Richtung »Wasserfall 3,0 km/ Stampf 4,0 km«.

Jetzt beginnt der gemütliche Teil der Tour. Wir wandern von nun an auf einem fast ebenen Höhenweg mit phänomenaler Aussicht übers hintere Münstertal bis zum Gießhübel und dem Sittener Berg. Nach 500 Metern kommen wir zur **Brandenfluh Schutzhütte**, vor der sich eine Sitzgruppe für die nächste Pause anbietet.

Wir gehen den breiten Weg weiter **rund um den Brandenberg**, an zahlreichen Panoramabänken vorbei, bis wir zu einer Weggabelung kommen, an der wir uns links halten und den bekannten Weg einfach Richtung Neuhof weitergehen. Ca. 50 Meter nach einer Schranke mündet dieser in einen von oben kommenden Weg. Diesen überqueren wir und stehen nun gegenüber dem **Eingang zum Stampfbachpfad**.

Jetzt sind gutes Schuhwerk und Trittsicherheit gefragt, denn der schmale Pfad durch die romantische Stampfbachschlucht kann rutschig sein. Er ist in jedem Fall ein Highlight für Groß und Klein und bietet jede Menge Abenteuer direkt am rauschenden Bach und Abgrund.

Kurz vor der schmalen Stahlbrücke legen wir noch einmal eine Pause auf der davor platzierten Bank ein und lassen das Tosen des Hauptwasserfalls auf uns wirken. Danach überqueren wir die Brücke und gehen gleich rechts den felsigen Pfad am Bach entlang, bis wir aus dem Wald am Wasserhochbehälter Stampf heraustreten. Von der dort gelegenen Bank haben wir noch einen hervorragenden Blick auf den Felsen des Scharfensteins. Jetzt nur noch 100 Meter die Straße runter und wir sind wieder am Wanderparkplatz.

Hauptwasserfall der Stampfbachschlucht

Romantisches Schluchten-Feeling

Zum Abschluss Blick auf den Scharfenstein

37

SPIELWEG – GSTIHLBERG – SONNHALDEBERG

 6,5 km

 mittel

 350 Hm

 35 Min.

 –

Schottische Rinder im Schwarzwald ...

⇨ Traumhafte Fernsichten zum Belchen, zum Oberrhein, zu den Vogesen und den Schweizer Alpen.

⇨ Am Gipfhof gibt es Bio-Apfelsaft von den eigenen Streuobstwiesen.

Ausgangspunkt: Wanderparkplatz am Bienenkundemuseum/Münstertal

Anfahrt ab Freiburg

Durch Freiburg Günterstal fahren, weiter auf der Schauinslandstraße, hinter der Holzschlägermatte rechts abbiegen Richtung Gießhübel/Münstertal. Beim Gasthaus Gießhübel rechts halten und die K9854 Richtung Münstertal fahren. Im Tal angekommen, der Straße Richtung Münstertal folgen und nach ca. 1,5 Kilometer bei der Kapelle Spielweg rechts abbiegen. Auf dem Wanderparkplatz am Bienenkundemuseum das Auto abstellen.

Einkehr

Romantik-Hotel Spielweg
Spielweg 61, 79244 Münstertal
Tel. 07636 70 90
www.spielweg.com
Das Hotelrestaurant hat einen Grünen Michelin Stern für nachhaltiges Wirtschaften, eine hochpreisige Spitzenküche und ein gemütliches Ambiente. Besonderes Highlight: Die Ungerer-Stube mit Originalen des elsässischen Zeichners und Schriftstellers Tomi Ungerer.

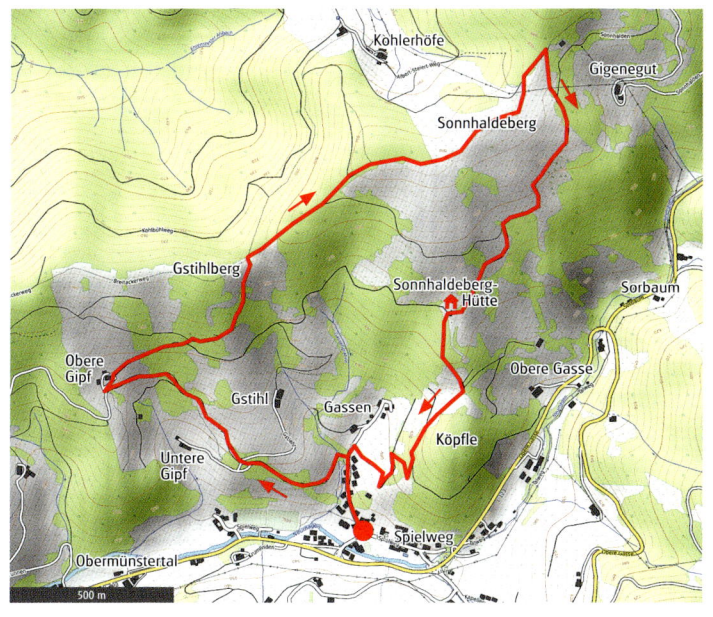

Das Bienenkundemuseum

Baumdenkmal und Insektenhotel

Auf dem Weg nach oben: Bank mit bestem Belchen Blick

Vor dem Gipfhof geht es nach rechts den Gstihlberg hoch.

Wir starten gegenüber dem Bienenkundemuseum und können dort bereits das erste Highlight unserer Wanderung bewundern: den überdachten Stamm einer über 700 Jahre alten Linde. Der Förderverein des Bienenkundemuseums hat sich dafür eingesetzt, dieses im Jahr 2000 wegen Altersschwäche gefällte, einzigartige Naturdenkmal zu erhalten, weil der Stamm mit seinen Hohlräumen immer wieder Heimat für schutzsuchende Bienenschwärme bietet.

Links am Bienenkundemuseum vorbei gehen wir den Talweg Richtung Berg und kommen nach 50 Metern an einen Wegweiser, an dem wir uns Richtung »Kohlerhof 3,0 km/Gießhübel 5,0 km/Schauinsland 8,0 km« halten. Wir folgen der Straße an den oberen Häusern von Spielweg vorbei, bis wir nach 100 Meter eine Weggabelung mit Wegweiser erreichen, wo wir nach links Richtung »Gstihlberg 1,6 km/Kohlerhof 3,5 km« steil den Hang auf einer schmalen Teerstraße aufwärts gehen. Unterwegs kommen wir an schönen Aussichtsbänken vorbei, von denen sich jede für eine Rast empfiehlt.

Wir sehen über Spielweg und Stampf zum Belchen und zum Wiedener Eck sowie übers Münstertal und den Oberrhein. Bei der Weggabelung »Gipf 1/Gipf 2« halten wir uns Richtung »Gipf 2«, bis wir schließlich zum traumhaft gelegenen **Gipfhof** kommen. Vor diesem biegen wir rechts in den breiten Feldweg ab, der am Gipfhof vorbei den Hang aufwärts führt.

Auf der Weide können wir schottische Hochland Angus Rinder beobachten, die mit ihrem wuscheligen Fell so gar nicht in die Landschaft passen, aber sehr beeindruckend sind. Beim Gipfhof kann man sich zudem mit feinem Bio-Apfelsaft in 5-Liter-Kanistern eindecken.

Wir laufen weiter aufwärts und nehmen nicht die nahe Abzweigung nach rechts Richtung »Kohlerhof«. Sobald wir aus dem Wald heraustreten, steht in einer Linkskurve eine Aussichtsbank, von der aus wir einen Blick auf Stampf, Wiedener Eck und Sittener Berg haben. Jetzt noch die letzte weitläufige Linkskurve den Berg hoch und wir sind am Grat des **Gstihlberges** angekommen. Wenn wir Glück haben, ist eine der beiden opti-

mal gelegenen Ruhebänke frei. Eine ausgiebige Pause ist hier Pflichtprogramm.
Der Wegweiser Richtung »Sonnenhalde Eck 1,2 km/Gießhübel 3,5 km/Schauinsland 6,5 km« weist uns den Weg. Wir wandern erst am Grat und Waldrand entlang und dann über einen breiten Waldweg durch einen wunderschönen Buchen- und Ahornwald. Schließlich erreichen wir das **Sonnhalde Eck**. An der Weggabelung nehmen wir den schmalen Pfad links, der aufwärts am Waldrand entlang verläuft.

Blick vom Gstihlberg zur Brandenweide

Zu unserer Rechten eröffnet sich über eine große Wiese ein phänomenaler Blick hinüber zum Belchen – ein Vorgeschmack auf das, was noch kommt.

Sobald der Wald endet, ergibt sich eine freie Sicht auf Bollschweil und Freiburg zur Linken, zur Rechten auf den Belchen, das Münstertal, den Oberrhein, die Vogesen und die Schweizer Alpen. Am Ende des Grats angelangt verläuft der Weg in Serpentinen bis zum Waldrand leicht nach unten. Hier halten wir uns an die Markierung Richtung »Spielweg 2,4 km/Untermünstertal 8,0 km« und folgen dem Weg im spitzen Winkel nach rechts. Nach ca. 100 Metern zweigt der Weg links ab und führt abwärts. Wir nehmen aber den Weg rechts und gehen geradeaus weiter den schmalen Wanderpfad entlang. Auch wenn hier auf eine

Rundumsicht: von Freiburg über den Sittener Berg bis zum Münstertal

Weg zurück: Brandenberg und Belchen im Blick

Noch ein letzter Blick übers Münstertal, bevor wir rechts Richtung Spielweg abbiegen.

gefährliche Wegstrecke aufmerksam gemacht wird – mit ein wenig Trittsicherheit ist das kein Problem. Bei der nächsten Weggabelung halten wir uns an den linken Weg nach unten und kommen kurz darauf an der **Sonnhalde Berghütte** raus (privat).

Die Bank-Tisch-Formation davor lädt zu einer letzten Rast vor dem finalen Abstieg ein. Danach geht es links auf einem breiten Weg an der Hütte vorbei. Der Weg macht auf freiem Feld eine langgezogene Rechtskurve. Auf der rechten Seite sehen wir schon den Ortsteil Spielweg. Da wollen wir hin. Am Ende der Rechtskurve, kurz bevor der Weg eine Linkskurve macht, ist rechts am Weg ein gelbes Radfahrer-Schild angebracht. Diesen Weg gehen wir nach unten und kommen nach einem Rechtsschwenk – immer die Häuser von Spielweg im Blick – wieder unten an. Jetzt geht es nach links den Talweg die letzten 150 Meter bis zum Bienenkundemuseum zurück.

BELCHEN SEILBAHN – NEUENWEG – BELCHENHÖFE

Eine der schönsten Aussichtstouren des Südschwarzwaldes ...

- ➡️ Es ist Trittsicherheit notwendig, aber auch mit kleinen Kindern (ab sechs bis acht Jahren) begehbar.
- ➡️ Das Rosenstübchen in Neuenweg ist eine kulinarische Krönung.
- ➡️ Fußball spielen auf 1000 Höhenmetern.

Ausgangspunkt: Talstation der Belchen Seilbahn/Aitern

 16 km

 mittel

 640 Hm

  ✓

 55 Min.

 —

RUND UM DEN BELCHEN

Anfahrt ab Freiburg

B31 Richtung Donaueschingen, Ausfahrt Oberried, weiter Richtung Todtnau fahren, dort nach rechts Richtung Schönau abbiegen. Der Beschilderung der L142 über Aitern und Wiedener Eck zur Belchen Seilbahn folgen.

Einkehr

Blumencafé Landgasthof Rosenstübchen

Dorfplatz 1, 79692 Kleines Wiesental
Tel. 07673 7450
Mobil 0152 372 970 48
www.rosenstuebchen.de

Gehobene Preisklasse, Spitzenküche, gemütliches Ambiente, sehr freundliches Personal.

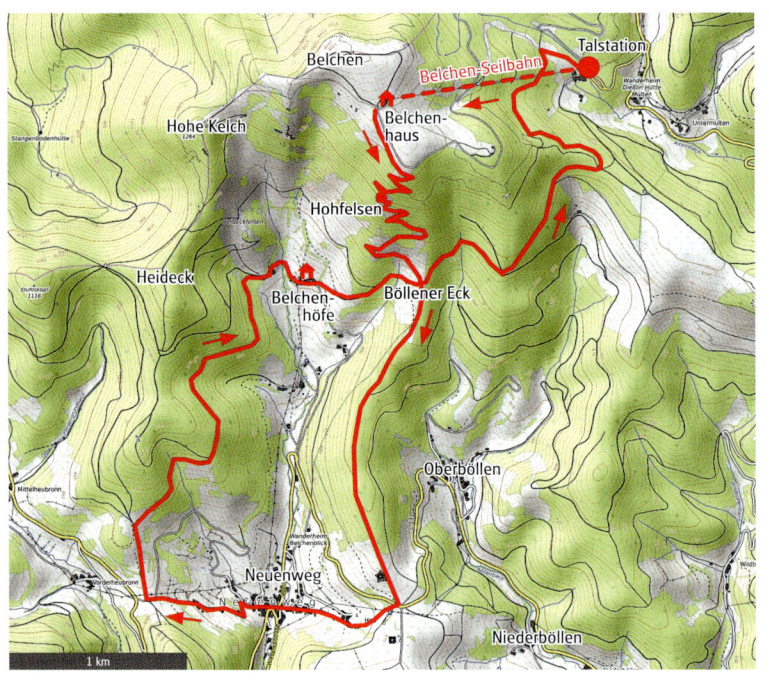

Ausgangspunkt ist die Talstation der Belchen Seilbahn, in deren gelber Gondel wir hinauf auf den Belchen schweben. Die Seilbahn ist Teil eines umfassenden Umweltschutzkonzeptes, das am Belchen heute intensiv verfolgt wird. So wird die 2001 entstandene Belchen Seilbahn heute ausschließlich mit regenerativer Energie versorgt. Zudem bietet sie mehr als 300.000 Besuchern im Jahr eine Möglichkeit, umweltfreundlich und schnell auf den Belchen zu kommen. Der Belchen ist nach Feldberg, Seebuck und Herzogenhorn nicht nur der vierthöchste Berg im Schwarzwald, sondern bietet neben traumhaften Blicken eine Tier- und Pflanzenvielfalt, die ihresgleichen sucht.

Oben angekommen folgen wir der blauen Raute am **Belchenhaus** vorbei. Nach ca. 20 Metern macht die Straße einen Linksschwenk – wir halten uns aber geradeaus und gehen am Wegweiser Richtung »Neuenweg 4,5 km/Böllener Eck 2,5 km« den schmalen Pfad, rechts parallel zur Straße verlaufend, nach unten (blaue Raute). Der schmale Weg verläuft in Serpentinen abwärts. Nach einer scharfen Linkskurve queren wir ein Gatter.

Die Talstation der Belchenbahn

Der Belchen ist zentraler Ausgangspunkt vieler Wanderungen.

Vom Belchen: phänomenaler Blick übers Wiesental Richtung Schweizer Alpen

Aussichtspunkt Hohefelsen: Blick nach Neuenweg. Hinter dem Felsen geht es senkrecht nach unten.

Bank am Böllener Eck mit Blick auf die ehemaligen Schanzanlagen

Hier haben wir freien Blick auf unser Ziel Neuenweg und das obere Wiesental. Die Aussicht wird noch schöner: Wir biegen rechts in den Weg zum **Hohefelsen**, der wie eine Aussichtsplattform mitten am Steilhang thront. Hinter dem Felsen fällt der Berg fast senkrecht ab. Der Blick über das Wiesental bis hin zu den Schweizer Alpen ist phänomenal.

Vom Felsen aus gesehen nehmen wir den oberen Weg und laufen bis zu einer Weggabelung mit rot-weiß-roter Markierung, an der wir geradeaus den erkennbaren Hauptweg nach unten nehmen, bis wir erneut ein Gatter erreichen und uns am Wegweiser Richtung »Hau 2 km« orientieren. Wir laufen, links an der großen Wiese vorbei, geradeaus weiter.

Kurz darauf stoßen wir auf einen Weg mit der Markierung »Wanderheim Neuenweg«. Diesen nehmen wir nicht, sondern gehen geradeaus Richtung »Hau 1,8 km« in den Wald hinein. Diesem Weg folgen wir konsequent, auch wenn sich links einige Abzweigmöglichkeiten ergeben, bis wir schließlich zum hinteren **Böllener Eck** kommen, dem Pass zwischen Wiesental und oberem Wiesental.

Auf der Passhöhe befindet sich ein großer Verteidigungswall, **der Hau**. Dieser wurde im Rahmen des Pfälzischen Erbfolgekrieges (1688–1697) von Markgraf Ludwig Wilhelm von Baden als Grenzsicherung errichtet. Diese markgräfliche Linie teilte

Weg vom Böllener Eck hinunter nach Neuenweg

den Südschwarzwald in die Vordere und die Hintere Linie. Der starke Befestigungswall am Böllener Eck bei Neuenweg war – genauso wie das Wiedener Eck – Teil der Vorderen Linie, die sich von Bad Säckingen über den Oberrhein bis zum Zeiler Blauen zog. Nach dem ausführlichen Studium der Infotafeln über die historischen Schanzanlagen eröffnet sich der Blick auf das obere und untere Wiesental und Neuenweg.

Wir gehen den Weg am Grat über eine große Wiese geradeaus, lassen die Schanzanlagen rechts liegen und queren die Passstraße. Auf der anderen Seite befindet sich ein **Wanderparkplatz**, von dem aus ein Weg rechts nach unten (blaue Raute) in den Ort **Neuenweg** führt.

Am Wegweiser halten wir uns Richtung »Nonnenmattweiher 2,5 km«, überqueren die Hauptstraße und erreichen das einladende **Rosenstübchen**. Dies ist eine besondere Erwähnung wert, da man ein solches Gasthaus nicht im Nirgendwo abseits jeglicher Touristenpfade vermutet. Hier wird absolut mit Liebe gekocht und angerichtet. Die Kuchen sind ebenfalls ein Traum. Der Service ist außerordentlich freundlich. Kurzum: Das Rosenstübchen braucht keinen Vergleich mit der gängigen Sterneküche zu scheuen – und das auch noch zu vertretbaren Preisen.

Nach der kulinarischen Pause mit geschmacklichem Hochgenuss gehen wir die Straße »Am Berg« Richtung Belchen weiter. Steil ansteigend folgen wir der Straße bis zum Grat. Geradeaus ergibt sich der Blick auf den Parkplatz des meist überfüllten Nonnenmattweihers, einem Gletscherkratersee in ausnehmend schöner Lage.

Am Wegweiser folgen wir dem breiten Holzschild »Grundwaldweg« Richtung Belchen leicht ansteigend bis zur Weggabelung. Genau hier an der Biegung befindet sich einer der **coolsten Fußballplätze**, die der Schwarzwald zu bieten hat. Bei angenehmen Temperaturen auf ca. 1000 Höhenmetern und mit Belchen-Blick lässt es sich selbst bei Hitze gut kicken.

Weiter geht es Richtung »Belchenhöfe 2,4 km« auf einem Panoramaweg mit super Ausblicken auf die Belchen Nordseite, Neuenweg, das Wiesental und die Schweizer Alpen.

Im Rosenstübchen überrascht uns Service und Essen der Spitzenklasse.

Am Grat zum oberen Wiesental laufen wir dem Grundwaldweg Richtung Belchenhöfe.

Der coolste Fußballplatz im Schwarzwald

Belchenhöfe mit Bauerngarten

Wichtig, die richtige Abzweigung Richtung Unterer Hägstutzfelsen nehmen.

Nach einer großen Rechtskurve kommen wir an eine Weggabelung, an der wir uns an den Wegweiser Richtung »Belchenhöfe 0,4 km/Böllener Eck 1,0 km« halten. Wir laufen auf einer Teerstraße an den **Belchenhöfen** mit ihren wunderschönen Bauerngärten vorbei. Gleich nach den Höfen biegen wir nach links in einen breiten Weg Richtung »Böllener Eck 0,2 km/Belchen 3,0 km«. Steil aufwärts geht es an einer Weide mit Lamas vorbei, bis wir wieder am **Böllener Eck** ankommen. Dieses Mal folgen wir dem Wegweiser Richtung »Belchenwald 0,5 km/Talstation Belchen Seilbahn 2,5 km« und gehen geradeaus eben durch den Bannwald, bis wir auf eine breite Waldstraße stoßen, die eine Kurve nach oben macht. An dieser Stelle orientieren wir uns am Wegweiser Richtung »Talstation Belchen Seilbahn 2,0 km« (nach oben), bis wir erneut an eine Wegkreuzung kommen. Dort folgen wir dem Wegweiser Richtung »Belchenhaus 2,5 km/Belchen 3,0 km/Unterer Hägstutzfelsen 0,6 km« mit der blauen Raute und nehmen, leicht links gewandt, den schmalen Pfad aufwärts.

Nach ca. 500 Metern treffen wir auf einen von oben kommenden, breiten Waldweg, dem wir rechts nach unten folgen. Unter der Gondel durch führt er über eine breite Wiese (Teil der Skipiste) die letzten Meter zur Talstation der Belchen Seilbahn zurück.

UNTERER HARZLOCH-FELSEN – STOHREN – DREHBACHHOF

Auf der Höhe ums Hörnle rum ...

⇨ Der Weg enthält Steilstücke, die absolute Trittsicherheit erfordern.

⇨ Beim Durchwandern einiger Mutterkuhweiden mit Stieren heißt es »Ruhe bewahren«.

⇨ Zum Einkehren gibt es die Wahl zwischen rustikalem Gießhübel oder edlem Zähringer Hof.

Ausgangspunkt: Wanderparkplatz am unteren Harzlochfelsen/Münstertal

 10 km

 mittel

 230 Hm

 ✓

 30 Min.

 —

Anfahrt ab Freiburg

Durch Freiburg Günterstal fahren, weiter auf der Schauinslandstraße, hinter der Holzschlägermatte rechts abbiegen Richtung Gießhübel/Münstertal. Beim Gasthaus Gießhübel rechts halten und die K9854 Richtung Münstertal fahren, in einer 180 Grad Linkskurve mit dem Hinweisschild zum Harzlochhof, fahren wir die Kurve aus und stellen das Auto bei der nächsten Einbuchtung in einer Rechtskurve gegenüber dem gewaltigen Unteren Harzlochfelsen ab.

Einkehr

Berggasthof Gießhübel
Stohren 17, 79244 Münstertal
Tel. 07602 920 93 40
www.gasthof-giesshuebel.de
Rustikaler Berggasthof mit solider badischer Küche.

Zähringer Hof
Stohren 10, 79244 Münstertal
Tel. 0760 22 56
www.zaehringerhof.de
Gehobene Preisklasse, gute Küche, feine Kuchen, gemütliches Ambiente.

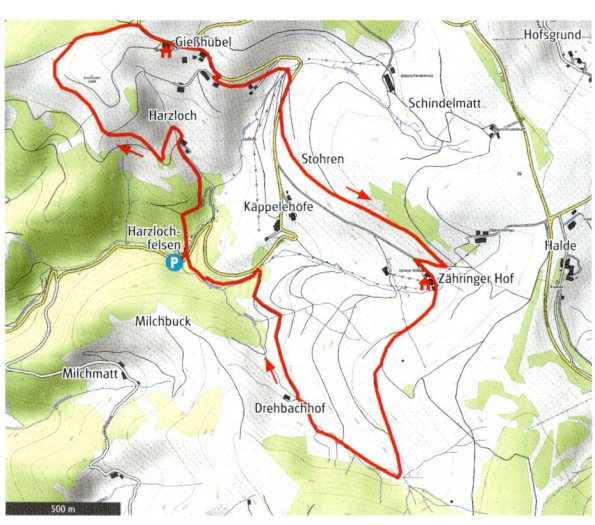

Wir starten am Wanderparkplatz **Unterer Harzlochfelsen.** Hier ist ein allgemeiner Meeting Point für Kletterschulen und Freizeit-Kletterer, die das alpine Gelände als Übungsfelsen nutzen. Gegenüber dem Parkplatz überqueren wir die Brücke und steigen den Weg – direkt am Felsen entlang – nach oben. Trittsicherheit ist Pflichtprogramm. Sobald wir oben sind, bieten ein paar gut platzierte Steine eine Möglichkeit zur ersten Rast.

Der Untere Harzlochfelsen – beliebter Übungsfelsen für Kletterer

Über einen verwachsenen Pfad geht es geradeaus bis zum Wald. Nach ca. 100 Metern querfeldein gerade aufwärts erreichen wir eine Waldstraße, an der wir nach rechts abbiegen. Dieser folgen wir, bis wir auf eine von unten kommende Straße stoßen, an der wir uns nach links wenden und bis zum Harzlochhof hochlaufen. An diesem vorbei nehmen wir den Feldweg hinter dem Hof, folgen dem Wegweiser »Gießhübel 1,5 km«, bis wir an der nächsten spitzen Rechtskurve, direkt hinter dem Weg, eine wunderschöne Sitzecke mit Grillstelle vorfinden. Hier herrscht Ruhe vor dem Sturm: die letzte Gelegenheit, in Stille die Aussicht über den Oberrhein und das Münstertal in gechillter Atmosphäre zu genießen.

Sitzecke mit perfektem Blick ins Münstertal nach dem Harzlochhof

Weiter geht es ca. 20 Meter auf dem Wiesenweg hinter der Bank, bis wir wieder auf den breiten Weg mit gelber Raute tref-

Sonnenuntergang am Hörnle bei Inversionswetterlage

RUND UM DEN BELCHEN

Gasthof Gießhübel

Abzweigung nach dem Gießhübel zum Zähringer Hof

Höhenweg mit Sicht auf das Münstertal

Blick auf den Zähringer Hof. Wir nehmen dann den Weg hinter dem Hof.

fen. Jetzt biegen wir nach links ab und gehen ca. 10 Meter, bis ein kaum erkennbarer Wiesenweg mit gelber Raute vom breiten Hauptweg nach rechts abzweigt. Wir halten uns geradeaus, nehmen diesen und umrunden von links das Hörnle, den Gießhübel Hausberg.

Tipp: Wenn die Weidesaison vorbei ist, sollte man in jedem Fall mal auf das Hörnle steigen und den phänomenalen Sonnenuntergang genießen – mit Rundumblick!

Kurze Zeit später treffen wir auf einen Wegweiser Richtung »Gießhübel 0,5 km/Schauinsland 3,5 km«. Diesem folgen wir und erreichen kurz darauf die Verbindungsstraße Richtung Münstertal. Hier sehen wir schon den Berggasthof Gießhübel, der sich mit seinem legendären Holzfällersteak mit Brägele perfekt zur ersten Essenspause anbietet. Wenn man Glück hat, kann man einen der begehrten Außenplätze ergattern und sein Essen mit Blick übers Münstertal, Belchen und Blauen genießen. Wir laufen die Teerstraße Richtung »Stohren/Münstertal« noch ca. 200 Meter weiter am Straßenrand entlang, bis wir auf der rechten Seite einen großen Baum mit gelber Raute erreichen. Fünf Meter weiter, beim Schild »Reiterhof«, biegen wir rechts ab, um dann gleich wieder links den Weg Richtung »Zähringer Hof« einzuschlagen. Wir folgen dem Weg um eine langgezogene Rechtskurve – immer unterhalb der Straße – bis er schließlich in die Fahrstraße mündet. Diese überqueren wir und befinden uns von nun an auf einem Höhenweg Richtung Zähringer Hof, der minütlich bessere Blicke übers Münstertal und den Oberrhein bietet. Schließlich sehen wir rechts unten den Zähringer Hof liegen und gehen den Weg daran vorbei.

Wer jetzt wieder Hunger bekommen hat, dem sei gesagt: Der Zähringer Hof hat sich in den letzten 20 Jahren vom urigen Berggasthaus zum gediegenen Bergrestaurant mit gehobener Preislage entwickelt. Aber: Das Essen und der Kuchen sind gut. Und die Aussicht und das Ambiente auch.

Am Zähringer Hof vorbei gehen wir den Hangweg hoch, bis wir auf eine Weggabelung stoßen, an der wir uns nach rechts an die Markierung »Unterer Harzlochfelsen 2,2 km/Spielweg 6,0 km«

*Vom Höhenweg
Blick auf Staufen*

halten. An zwei wunderschönen Aussichtsbänken vorbei geht es bis zu einer spitzen Rechtskurve leicht abwärts. Nun beginnt der spannende Teil des Weges, da er von Mutterkuhherden bevölkert wird. Hunde müssen an die Leine, und man sollte Vorsicht walten lassen. Wer sich allerdings ruhig verhält, der kommt ohne Probleme an den Tieren vorbei, trotz Stier. Der Weg endet am **Drehbachhof,** an dem wir rechts die kleine, geteerte Straße einschlagen. Diese laufen wir hinunter bis rechts, kurz vor der Straße von Stohren ins Münstertal, eine Bank mit einem großen Holzschild »Zähringer Hof 2,1 km/Halde 3,0 km« steht. Gegenüber der Bank führt ein schmaler Weg direkt am Bach entlang. Die letzten Meter steigen wir durch die wildromantische Drehbach Schlucht und kommen ca. 20 Meter oberhalb des Wanderparkplatzes am Unteren Harzlochfelsen heraus, von dem wir gestartet sind.

*Drehbachhof –
Namensgeber für
Bach und Schlucht*

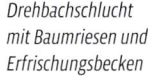

*Drehbachschlucht
mit Baumriesen und
Erfrischungsbecken*

RUND UM DEN BELCHEN

40 MÜNSTERHALDEN – STANGENBODEN – HOHE KELCH

 15 km

 schwer

 735 Hm

  ✓

 40 Min.

 —

Die Tour lässt Wanderherzen höher schlagen ...

⇨ Schöne Ausblicke ins Wiesental, auf den Belchen bis zum Oberrhein und den Schweizer Alpen.

⇨ Urige Stangenbodenhütte bietet gutes Vesper zu fairen Preisen.

⇨ Wanderabenteuer in wilden Bannwaldpfaden.

Ausgangspunkt: Wanderparkplatz Stangenbodenhütte/Münsterhalden

Man sollte früh losgehen, da ein erheblicher Höhenunterschied zu bewältigen ist. Die Tour ist nicht für heiße Temperaturen geeignet. Der Aufstieg ist anstrengend, aber man wird mit einer genialen Aussicht belohnt.

Anfahrt ab Freiburg

Bundesstraße oder Autobahn Richtung Bad Krozingen/Staufen, auf der L123 Richtung Münstertal fahren und im Kreisverkehr vor dem Rathaus die erste Abfahrt rechts, Neumagenstraße Richtung Münsterhalden, nehmen. Ca. 500 Meter nach dem Ortsschild Münstertal kommt vor einer scharfen Rechtskurve auf der linken Seite eine Brücke mit Hinweisschild Stangenbodenhütte. Kurz nach der Brücke ist der kleine Wanderparkplatz.

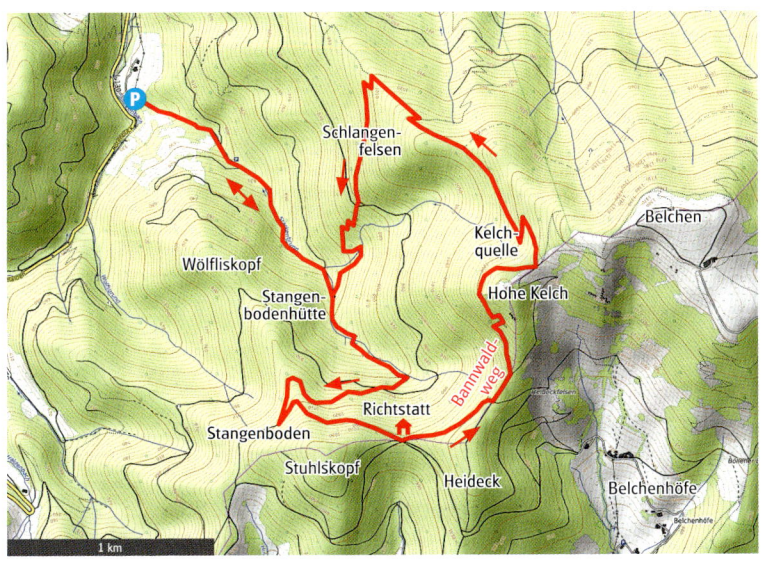

Wir starten am Wanderparkplatz und gehen den breiten Weg am wild rauschenden Bach entlang. Links und rechts ragen bald schroffe Felswände empor und verleihen der Landschaft einen urigen Schluchtencharakter, der uns die Anstrengung durch den steilen Weg ab und zu vergessen lässt. Nach ca. 30 Minuten

Stangenbodenhütte

Schmaler Pfad hinauf zum Stangenboden

Auf dem Weg zur Schutzhütte Richtstatt: Aussicht ins Münstertal

bergauf erreichen wir zur Linken eine Schutzhütte, wo eine Schranke in jedem Falle unbefugten Fahrern den Weg nach oben verwehrt. Wir gehen weiter, ziemlich gerade, noch ca. 45 Minuten den Weg steil aufwärts, bis wir schließlich die **Stangenbodenhütte** erreichen. Hier gibt es, soweit die Hütte nicht ohnehin bewirtschaftet ist, Getränke zu kaufen: eine willkommene Erfrischung.

Weiter geht es rechts hinter der Hütte auf einem schmalen, verwachsenen Pfad steil nach oben. Beim nächsten Wegweiser halten wir uns Richtung »Belchen«. Sobald ein breiter Weg quert, passieren wir diesen und laufen den schmalen Pfad Richtung »Stangenboden« weiter. Dieser mündet schließlich in einen breiten, leicht nach oben führenden Weg, dem wir links an einer schönen Aussichtsbank vorbei bis zur **Schutzhütte Richtstatt** folgen.

Mal abgesehen davon, dass es sich hier gut rasten und grillen lässt, bietet sich hinter der Schutzhütte ein wunderschöner Blick über das Münstertal. Von hier aus wenden wir uns nach links und halten uns an den Wegweiser »Belchen 2,5 km/Hohe Kelch 1,0 km«. Wir laufen auf einem breiten, ziemlich unspektakulären Weg mit leichter Steigung, bis wir erneut auf eine Wegkreuzung stoßen: Rechts geht es zu den Belchen Höfen ins Wiesental. Wir halten uns aber links weiter Richtung »Belchen 2,5 km/Hohe Kelch 1,0 km«. Kurz darauf sehen wir die **Hohe Kelch** direkt vor uns und stehen erneut an einer Wegteilung mit Wegweiser. Hier orientieren wir uns links an der roten Raute und dem Holzschild »Belchen über Gemarkung Münstertal«. Auch wenn der Wegweiser »Hohe Kelch« nach rechts zeigt, gehen wir den kleinen Pfad mit der roten Raute nach links und stellen bereits nach wenigen Metern fest: Der Weg hat auf jeden Fall einigen Nervenkitzel zu bieten! Auf dem teils nur wenige Zentimeter breiten Bannwaldpfad geht es teils gerade, teils in Serpentinen die Hohe Kelch hinauf. Die gefährlichsten Stellen

Schutzhütte Richtstatt: Aussicht genießen und vespern.

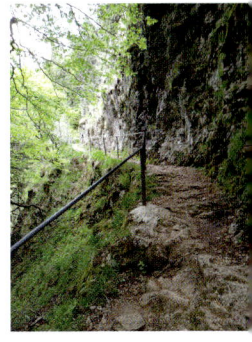

Gesicherter Bannwaldweg auf die Hohe Kelch

Bannwaldweg mit Blick auf den Oberrhein

Auf dem Bannwaldweg: perfekter Vogesenblick

Am Grat zur Hohen Kelch: Sicht ins Wiesental und auf die Schweizer Alpen. Der Belchen ist links gelegen.

sind mit Geländer gesichert, also keine Angst. Trittsicherheit ist dennoch erforderlich. Die Aussicht wird von Meter zu Meter besser, bis wir vor einer großen Felsformation stehen, auf einer kleinen, durch Seile gesicherten, Aussichtsfels-Plattform.

Für alle, die denken, das sei das Ziel: weit gefehlt! Denn erst müssen wir den hohen Felsbrocken erklimmen. Der Pfad ist mit Geländer gesichert und schlängelt sich in Serpentinen aufwärts. Auf ca. 1200 Höhenmetern direkt unterhalb des Gipfels der Hohen Kelch haben wir auf 500 Meter Weglänge eine einzigartige Sicht auf das Münstertal, den Blauen, die Vogesen, den Kaiserstuhl, den Oberrhein bis in die Schweizer Alpen.

Von der Aussicht überwältigt, laufen wir die letzten Meter leicht ansteigend durch dichten Wald, bis wir an einer großen Wiese herauskommen: dem **Gipfelplateau der Hohen Kelch** auf 1264 Metern. Hier können wir das nächste Highlight genießen: zur Linken der Belchen Gipfel, zur Rechten und geradeaus der Blick übers Wiesental und die Schweizer Alpen, diesmal von der anderen Seite. Zahlreiche Bänke auf dem Gipfelplateau zeugen von der Beliebtheit dieser Aussichtsplattform.

Wir folgen dem hölzernen Wegweiser »Stangenbodenhütte/ Mulden 6,0 km/Untermünstertal 8,0 km« und der blauen Raute. Der schmale Weg verläuft in spitzem Winkel links in den Wald hinein. Über Stock und Stein laufen wir an der eingefassten Hohe Kelch Quelle, dem **»Brünnle«**, vorbei, an der wir unsere Wasserflaschen auffüllen können.

Danach geht es auf einem ebenfalls schmalen, aber gut gepflegten Weg durch dichten Wald und an Geröllfeldern vorbei, immer der blauen Raute nach. Schließlich macht der Weg einen Knick nach rechts unten. Bei der Weggabelung halten wir uns links Richtung »Langäcker Weide 2,5 km/Neumühle 4,5 km«, bis wir eine Art Baumtor über dem Weg erreichen. 50 Meter weiter zeigt uns ein Wegweiser die Richtung nach links auf den Weg über den Schlangenfelsen zur Stangenbodenhütte. Der Weg ist durch einen umgestürzten Baum versperrt, danach aber gut erkennbar, eben ein typischer Bannwaldpfad. Hier ist wieder Trittsicherheit gefordert. Nach einem kurzen, aufregenden Steilstück geht der Pfad in einen breiten, verwachsenen Weg über. Dieser teilt sich, kurz bevor er auf eine breite Waldstraße mündet. Wir nehmen die rechte Abzweigung, überqueren die Straße und halten uns an den Wegweiser »Stangenbodenhütte 15 Minuten«.

Jetzt folgt der nächste Bannwaldpfad, auf dem wir bis zu einem kleinen Bach laufen. Hier ignorieren wir den Wegweiser »kleine Hüttenrunde« und laufen weiter auf dem überwucherten Pfad am Bach entlang abwärts. Nach wenigen Minuten erreichen wir erneut die **Stangenbodenhütte**. Nach einer ausgiebigen Vesperpause nehmen wir den gleichen Weg zurück, den wir am Anfang der Tour zur Stangenbodenhütte hin gelaufen sind. Ca. eine Stunde später erreichen wir wieder unser Auto.

Die Hohe Kelchquelle sprudelt im »Brünnle«

Nach dem Baumtor geht es links (Wegweiser).

Der Bannwaldweg über den Schlangenfelsen ist von einem umgefallenen Baum blockiert. Da müssen wir durch.

Abgang zurück zur Hütte über einen verwachsenen Pfad

STICHWORTVERZEICHNIS

Ahornkopf	190, 192
Am Stützle	214
Auf den Böden	91ff.
Baldenwegerhof	85, 87
Bammethof	83
Bankenhof	84, 87
Bannwald Faulbach	74
Bäreneckle	160ff.
Baumkronenweg	150f.
Belchen	34, 88, 216, 221ff., 232ff.
Belchen Seilbahn	221ff., 226
Belchenhöfe	221, 226
Belleck	65ff.
Bellecksattel	67
Berggasthof Gießhübel	48, 228, 230
Berggasthof Linde	108f., 112
Bergwelt Kandel	136, 143
Besucherbergwerk	56
Biederbach	160, 164
Bienenkundemuseum	216, 218, 220
Böllener Eck	224, 226
Bollschweil	35f., 52
Branden Fluh Schutzhütte	214
Branden Rundweg	212f.
Brettental	156f., 159
Brotweg	171
Brünnle	236
Buchenbach	65, 69, 96, 98, 185
Burg Schwarzenberg	146, 150
Café Bodenhäusle	173
Danielhof	65, 68
Denkstein	21f.
Dietenbach	58f.
Dobelhof	161f.
Drehbachhof	227, 231
Drehbach Schlucht	231
Dreisamtal	24, 54, 76, 84, 87, 98f.
Dürrer Stein	136
Dürrhöfe	159
Eckhof	39, 52
Eckjörghof	128f.
Eduardshöhe	21, 23, 38, 41, 51f.
Eislöcher	200, 203f., 206
Elzach	165, 172
Elztal	150, 167, 170, 174
Engländerdenkmal	44
Erlenbacher Hütte	51, 76, 192f.
Erzkasten	42f.
Eschbach	79, 85f.
Eschbachtal	81, 72
Falkensteig	184
Fallerhäusle	44
Feldberggipfel	197f.
Feldbergpfad	196
Felsenhof	124f., 128
Fensterliwirt	141f., 144
Fernskiwanderweg	91, 95
Fischergrundhof	167ff.
Föhrental	62ff., 115f., 118, 121
Franzosenweg	26
Frauensteigfelsen	96ff.
Friedhof Glottertal	113, 117
Friedwald	192
Gallihof	69f., 73
Gasthaus Zum Bäreneckle	161f.
Gasthaus Bauerntafel St. Barbara	25
Gasthof Engel	122f., 125ff.
Gasthaus Luegemol	156, 159
Gasthaus Zähringer Hof	227ff., 230
Gasthaus zur Linde-Napf	194ff.
Gasthaus zur Schwedenschanze	165f., 169
Gegentrum Stollen	42f.
Geiersnest	36
Geroldstal	58
Gerstenhalmstüble	34f., 38f.
Gfällmatte	74, 76
Gipfhof	216, 218
Gletscher	203
Glottertal	113ff., 118ff., 126ff., 142
Goldsbach	136, 140
Goldsbachhütte	139
Goldsbachschlucht	136, 139
Gschächleweg	164
Gschasifelsen	172, 174f.
Gstihlberg	216, 218f.
Gummenhofhütte	143
Gummenhütte	141f., 144f.
Gütenbach	133, 137, 177f., 181
Haldenhof	128
Hasenhorn	90
Hau	224
Häusleberg	99

Heidenschloss	130, 134
Heimatmuseum	40, 44, 49
Heimeck	105, 107
Heizmannsberghäusle	126, 129
Herderhäusle	200ff., 204ff.
Hessental	30, 33
Hexental	18
Hinterbauernhof	79, 83, 149
Hintereck	133, 177, 178ff.
Hinteres Elend	212f.
Hintertal	164
Hinterwaldkopf	184ff.
Hinterwaldkopfhütte	186, 205ff., 209
Hirtenweg	171
Hocken	156
Höfener Hütte	184ff.
Hogenhof	132, 135
Hohe Kelch	232, 235ff.
Hohe Kelch Quelle	236
Hohefelsen	224
Hohlweg	31f.
Horben	18f., 23, 38, 40f., 47, 52ff.
Hornbühl	61
Hörnle	92f., 227, 229f.
Hörnlesattel	34, 38
Hünersedel	154, 156ff.
Hüttenbacher Grund	95
Hüttenburger	180
Hüttenwasen	194, 196, 199
Im Rohr	122, 125
Kandel	60, 65, 102ff., 118, 126, 128f., 136, 140f., 145, 154, 177
Kandela	132
Kandelaussichtsturm	143
Kandelfelsen	141
Kandelhöhenweg	108, 112, 128
Kandelsattel	136f., 140ff.
Kandelwasen	137
Kappel	57
Kastelburg	150
Katharinenpfad	30, 32
Kirchzarten	24, 54f., 57ff.
Kollnau	102, 107, 109
Köpfle	88, 90f.
Kreuzeckle Tour	62f.
Kuriseck Spick	108, 111f.
Landgasthof Rosenstübchen	221ff.
Landhotel Reckenberg	79f.,83
Langeckerhof	132f.
Langengrund	209
Langengrundbach	206
Leimeneck	118, 121
Leimenhof	118, 121
Leimstollenhof	60f., 64
Lindenberg	69, 70ff.
Lindenbühl	108f., 110f.
Lorettoberg	18, 20, 23
Luisenhöhe	23, 52
Luser	115f., 148f.
Martinsbrünnle	170
Merzhausen	21f.
Mittlerer Itzenwaldhof	93
Muggenbrunn	88ff., 93, 95
Münsterhalden	232
Münstertal	212ff., 227ff.
Museumsbergwerk Schauinsland	42, 45f.
Napf	198f.
Nazihof	122, 125
Neubauernhof	124
Neuenweg	221, 223ff.
Neungeschwisterkapelle	102, 104, 107
Nonnenmattweiher	225
Notschrei	49, 75, 89, 93
Oberbergen	28f., 33
Oberer Itzenwaldhof	93
Oberried	41, 55, 59, 74ff., 190f., 194f. 200f., 204f.
Obersexau	108f.
Ochsenlager	57, 64
Passeck	170
Passeckweg	170
Pfaffeneck	99
Pilgergaststätte Lindenberg	70, 72
Piuskapelle	137, 140
Plattenhof	130ff., 135
Plattenhöfe	130, 132
Plattensee	135
Quelltal	82
Rabenfelsen	180
Rappenecker Hütte	54ff.
Rappenecker Sattel	57
Räuberfelsen	76
Reichenbach	172f.
Richtstatt	234
Röhrenrutsche	151
Rohrerhof	124
Rohrhardsberg	167, 169
Roteck	187f.
Rotecksattel	186f.

Rotlache	42
Rotmichele Haus	43
Ruländerweg	28f., 33
Rüttener Höhe	95
Sägendobel	122ff.
Schänzlehof	169
Scharfenstein	215
Schauinsland	40ff., 47ff., 54ff.
Schauinslandbahn-Talstation	40f., 47f.
Schelingen	31
Schelinger Tierweide	28, 30f.
Scherereck	84, 86
Schindelbach	138
Schindelbachhütte	138
Schlangenfelsen	237
Schlangenkapelle	86f.
Schlossbühl	113, 115
Schlossdobel	113, 115f.
Schlösslefelsenhütte	139
Schneiderhof Yach	165ff., 171
Schnewlin	76, 78
Schniederlihof	40ff., 49
Schönberg	18, 20ff., 53
Schuttertal	158
Schutzhütte Hüttenwasen	196, 199
Schutzhütte Richtstatt	234f.
Schwarzenberghütte	149f.
Schwarzenburg	149f.
Schwedenschanze	165f., 169
Schweighof	34ff.
Selbig Rundweg	163
Siebenfelsen	165ff.
Silbergrüble	118ff.
Simonswald	137ff., 177ff.
Sittener Berg	213f., 218f.
Skilift Stollenbach	191
Sommerberg	69f.
Sonnhalde Eck	219
Sonnhaldeberg	216f.
Spielweg	213, 216ff.
Spirzendobel	65ff.
Spornburg	76
St. Barbara	14, 27, 65f., 68
St. Peter	70, 72, 122f., 126f., 130f., 133f.
St. Ulrich	35ff.
St. Wilhelmer Hütte	194ff.
St. Wilhelmer Tal	49, 192, 194ff., 202
Staffelberg	28ff.
Stampf	212ff.
Stampfbachschlucht	212ff.
Stangenbodenhütte	232ff.
Stegen	79f., 84ff.
Steinbühl	156
Sternwald	24
Sternwaldeck	24
Steurental	79f., 82f., 84ff.
Stollenbacher Hütte	190f.
Stollenbacher Weide	193
Streckereck	60ff., 128
Teichschlucht	177ff.
Thomashütte	143f.
Thurner	65ff.
Totenberghof	148
Toter Mann	190f., 207
Unterer Harzlochfelsen	227, 229f.
Urgraben	124
Verteidigungswall	224
Vesperstube Hintereck	178, 180
Wachtfelsen	138f.
Wälderpfad	165, 167f.
Waldgasthof Altersbach	103, 106, 107
Waldhäusle	181
Waldkirch	103ff., 146ff., 169
Wanderheim Berglustheim	37f.
Wanderheim Kreuzmoos	154ff., 159
Wanderheim Neuenweg	224
Wanderparkplatz Pfaffendobel	96f.
Wanderparkplatz Schneeberg	74ff.
Weingut Vogel	29
Wichtelweg	79, 81
Wiedenbach Brünnle	27
Wiedener Eck	88f., 91ff., 94f., 225
Wiesental	88, 92ff., 222f., 232, 235f.
Wilde Schneeburg	75f., 78
Wildtal	60ff.
Wildtaler Eck	60, 62, 64
Winkel	204, 207f.
Winkellift	88ff., 95
Wittental	84f.
Wolfsgrubenhütte	172, 174
Wonnhalde	18, 23
Yacher Höhe	169
Zastler Hütte	198ff.
Zastler Tal	200f., 203ff., 209
Zweitälersteig	134, 143f., 150f.
Zwergenpfad	110f.
Zweribach-Wasserfall	130, 132ff., 179
Zweribachtal	132, 180f.

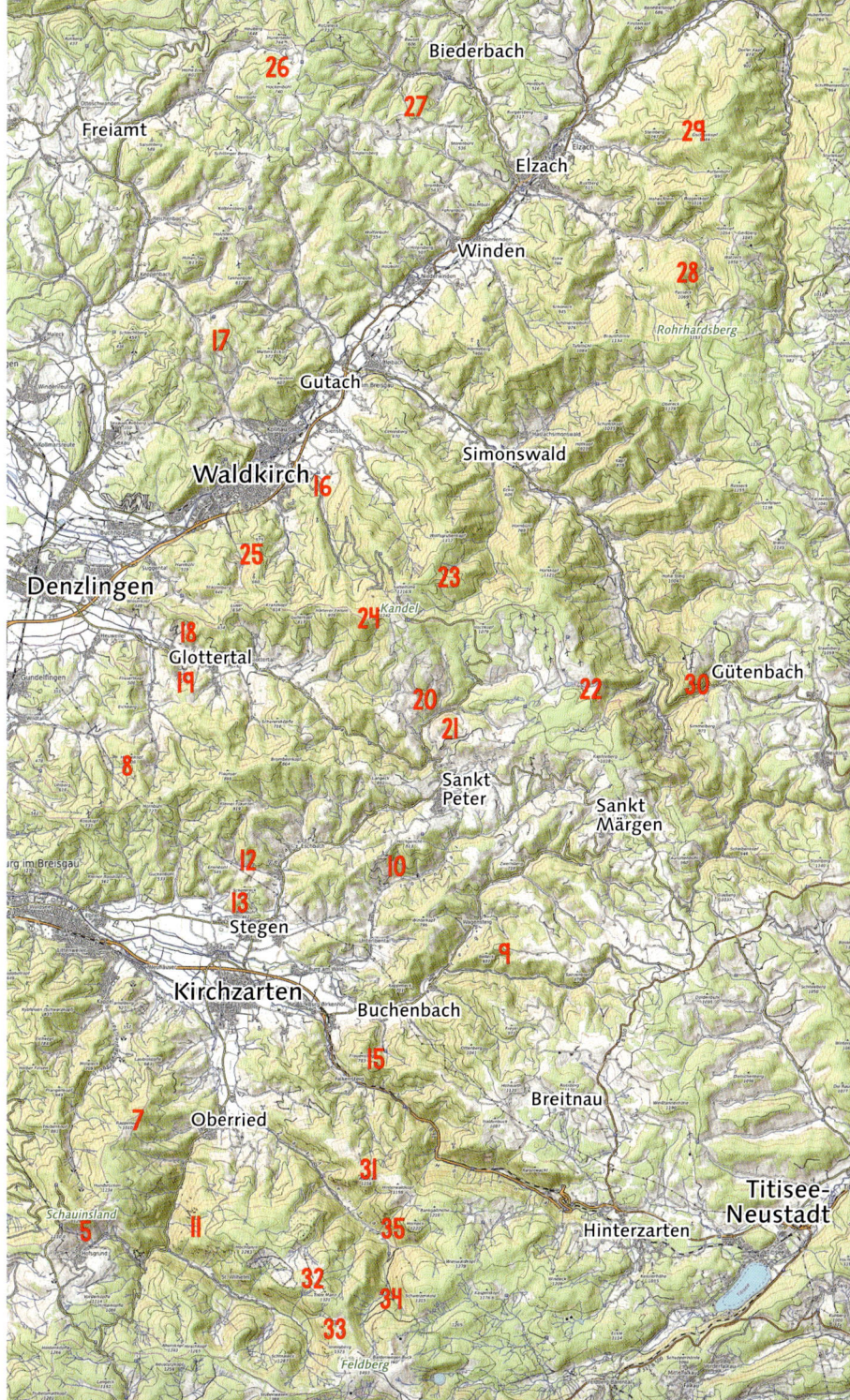

Wandern, wozu? Diese Frage kennen Eltern von ihren Kindern und Erwachsene von fußmüden Freunden. Dieses Buch gibt Antworten, denen keiner widersprechen kann, und liefert Touren, über die sich niemand beschwert.

Wandern bringt's, weil ...

... Streuselkuchen am besten schmeckt, wenn man ihn mit Fernsicht zum Kandelmassiv isst.

... man seine Beine in der ersten Reihe im Naturkino baumeln lassen kann.

... es abenteuerlich ist, durch wilde Schluchten, auf felsigen Pfaden und in urigen Wäldern zu streunen.

... es sich gut anfühlt, wenn man satt ist von genialen Aussichten und durchgepustet vom Gipfelwind.

Florian Bechert hat 40 Wanderungen in den Gebieten Belchen, Elztal, Feldberg, Freiburg, Kaiserstuhl, Kandel und Schauinsland ausgesucht. Zusammen mit seiner Familie ist er die Touren oft gegangen. Er kennt den Südschwarzwald aus dem Effeff und verrät viele seiner Geheimtipps, etwa die Goldsbachschlucht und Kuriseck Spick.

Jede Route bietet grandiose Ausblicke, gemütliche Pausenbänke und schöne Plätze zum Chillen. Becherts Einkehrtipps sind vom Feinsten und reichen vom Sauerkirscheis auf dem Eckhof über Käsesahne im Bäreneckle bis zu Brägele auf dem Gießhübel.

FLORIAN BECHERT, geb. 1972, ist Mitinhaber eines Skateboard- und Snowboard-Ladens in Freiburg. Er schafft es, dass Wandern für seine sieben Kinder eine spannende Alternative zu Handy, Playstation und Co. ist – und für andere werden kann.

rombach
ISBN 978-3-7930-5199-2